S0-BYD-962

BRAIN GAMES

Word Search

Publications International, Ltd.

Puzzle Constructors: Myles Callum, Harvey Estes, Holli Fort, Helene Hovanec, Trip Payne, Fred Piscop, Stephen Ryder, John Samson, Terry Stickels, Wayne Robert Williams

Illustrators: Helem An, Chris Gattorna, Elizabeth Gerber, Robin Humer, Jen Torche

Cover Puzzles: Trip Payne, Terry Stickels

Cover Image: Shutterstock.com

Brain Games is a registered trademark of Publications International, Ltd.

ISBN-13: 978-1-4508-6441-1
ISBN-10: 1-4508-6441-4

Manufactured in China.

8 7 6 5 4 3 2 1

In Search of: Fun Puzzles!

Everyone's looking for something, but some things are easier to find than others. The challenges and teasers you'll find in *Brain Games®: Word Search* will amuse and delight you while at the same time satisfy your thirst for the hunt and give your brain the workout it needs.

Brain Games®: Word Search is loaded with more than 80 mini brain workouts for people who love language. You'll find the classic word search, where words can be found in a straight line horizontally, vertically, or diagonally, and they may be read forward or backward. We've also thrown in other types of word searches to boost the challenge, from Blankety-Blank and Add-a-Letter to Shrouded Summary and 3-D searches. Some have hidden messages and bonus questions and some don't, so you'll never get bored with the same puzzles!

The word searches in this collection revolve around varied themes, from geography to movies to sports, and the difficulty level is just as varied—from Very Easy to Expert. And if you come across a word you just can't find, answers are conveniently located in order in the back of the book.

So flip to the next page and get started! Working out your brain has never been so intriguing—and fun!

1 | Olympic Sports

ATHLETICS

BASKETBALL

BIATHLON

BOXING

CANOEING

DIVING

FENCING

HANDBALL

LUGE

SAILING

SHOOTING

SOCCER

SPEED SKATING

SWIMMING

TABLE TENNIS

TAE KWON DO

TRIATHLON

VOLLEYBALL

WATER POLO

```
A L L A B Y E L L O V S T
S L E N G R Y G N I X O B
H A S P G N I V I D L C A
O B C I L A I C H O U C S
O D G W N H A M P S P E K
T N N E B N F R M C I R E
I A I O O F E N C I N G T
N H L E W T O T O T W O B
G N I T A K S D E E P S A
Q N A W A X E G I L J E L
G U S H D V U A K H B O L
B I A T H L O N T T D A Z
S M G M N O L H T A I R T
```

2 | Welcome to Tinseltown

Every Hollywood term or name is hidden in the grid on the next page. Leftover letters will reveal a fact about La-La-Land.

BEVERLY HILLS	LOS ANGELES
BURBANK	MELROSE AVENUE
CALIFORNIA	MOVIE INDUSTRY
CECIL B. DEMILLE	MOVIE STARS
CINEMA	MULHOLLAND DRIVE
FILMMAKING	PRODUCTION
HOLLYWOOD AND VINE	SUNSET STRIP
HOLLYWOOD SIGN	WALK OF FAME
KODAK THEATRE	
LAUREL CANYON	

Leftover letters: _____

_____

```
G R A U C E M E M A N F S C H
H I N B E V E R L Y H I L L S
O Y E U C I L T O S O L A E R
L R T R I R R A S S L M U H A
L T E B L D O E A U L M R A T
Y S T A B D S H N N Y A E R S
W U E N D N E T G S W K L I E
O D A K E A A K E E O I C S I
O N I A M L V A L T O N A F V
D I N A I L E D E S D G N M O
S E R O L O N O S T A U Y S M
I I O T L H U K I R N N O S E
G V F L E L E T O I D W N N L
N O I T C U D O R P V A N D M
A M L R A M E N I C I K O N H
E M A F F O K L A W N O L L Y
W O C O D B O U L E E V A R D
```

3 | Silent Letters

AUTUMN	KNOT
CALF	LAMB
CASTLE	MATCH
COLUMN	PSYCHOLOGY
DEBT	RESIGN
DOUBT	SHOULD
GNAW	SIGN
GUILTY	WATCH
HEDGE	WRIGGLE
HOUR	WRIST
ISLAND	

```
Y N T L Q R M T R L K P Q K M
R N G J R J K U F A Z L X A L
V M K I V L O K N M T F T N N
J U L D S H M D B B L C M D L
M T M E L E Z R N A H L W L M
J U P B N W R Y C Q L Q V U E
Y A G T W X C N Y Y K H R O G
W Q T K C R G A C T W N C H D
R F N L M I I N S G L Y O S E
I P F Q S F K G R T D I M T H
S I S L A N D R G O L V U M R
T C O L U M N C U L B E M G N
P N H Q K B T B J V E R P L R
J X R Q N K T T W A T C H F K
Y G O L O H C Y S P W A N G R
```

4 | They Come in Threes

AMIGOS

BASE HIT

CARD MONTE

DEGREES

DOG NIGHT

GRACES

IRON

LEGGED RACE

LITTLE WORDS

PIECE SUIT

POINT TURN

RING CIRCUS

SOME

STOOGES

STRIKES

TIMES A LADY

TOED SLOTH

WHEELER

WISE MEN

WISHES

WOOD

```
    H G H T O L S D E O T
  Z L S D R O W E L T T I L
B E O P I E C E S U I T M D X
A M I G O S F Y I T I H E S A B
E V Y I           R F G S E S S
                  O I A C R V
                  N L A C K
                  Z G A R L
                  W O O D G
        F K F D Y K I D Y
        B D E G R E E S
        S T R I K E S C H
                  F L F R E
                  A E T Q S
                  N E T R R
                  O R O H E O
S G Z C           M K O Y J W M
N M Z S E C A R D E G G E L N P
P O I N T T U R N E M E S I W
  Q F B B U A M S V A D S C
    P S U C R I C G N I R
```

5 | Lakes

CAYUGA

CHAMPLAIN

CRATER

ERIE

HURON

KISSIMMEE

MICHIGAN

OKEECHOBEE

ONEIDA

ONTARIO

SENECA

SUPERIOR

TAHOE

WINNEBAGO

YELLOWSTONE

```
S E C Z F O M N K Q H B E
B U Z E C H A M P L A I N
B C P K F G Y H J W D O O
M B S E I R E D P E R H T
R H L H R S J O E U B I S
O O C T S I S B H T R B W
J I A A X G O I R A T N O
M E C W Y H H R M Y T N L
E V E E C U S V W M E F L
G U N E F V G U C I E U E
Q R E T A R C A D X T E Y
P K S I D W C A R B B N X
O G A B E N N I W D P A O
```

6 | Woody Allen Movies

ALICE

ANNIE HALL

BANANAS

CELEBRITY

INTERIORS

MATCH POINT

MIGHTY APHRODITE

SCOOP

SEPTEMBER

SLEEPER

WHATEVER WORKS

ZELIG

```
C L E P S H A R I C M P L I T
S K R O W R E V E T A H W S N
E D B O E Z O L L P I M E X I
Z J F C L U E I F F E P Y D O
A E I S E B P A R S T E H G P
K L L O R A N N I E H A L L H
A N V I L L B E M I T H M S C
R A T O G I A B A N A N A S T
T Y L E C T E U Q D O C I W A
E T I D O R H P A Y T H G I M
```

13

- ARGENTINA
- BOLIVIA
- BRAZIL
- CHILE
- COLOMBIA
- ECUADOR
- FRENCH GUIANA
- GUYANA
- PARAGUAY
- PERU
- SURINAME
- URUGUAY
- VENEZUELA

```
W V F X Z Y Z W G X D E
P A R A G U A Y L S V M
E R E O I U J U B J E A
W G N I D B Y S G Y N N
U E C P Y A M A L U B I
I N H P E R U O N O R R
N T G D B C O C L A S U
A I U W T K H I E O U S
D N I E O L V P X Y C Q
L A A B L I Z A R B F E
Y I N E A C F A K U C K
X G A L E U Z E N E V Z
```

8 | Country Matters

(CANADIAN) BACON

(JAPANESE) BEETLE

(ENGLISH) CHANNEL

(CHINESE) CHECKERS

(SWISS) CHEESE

(AUSTRALIAN) CRAWL

(INDIAN) ELEPHANT

(HUNGARIAN) GOULASH

(SWEDISH) MEATBALLS

(GREEK) MYTHOLOGY

(SPANISH) OMELET

(DANISH) PASTRY

(RUSSIAN) ROULETTE

(IRISH) SETTER

(GERMAN) SHEPHERD

(MEXICAN) STANDOFF

(DUTCH) TREAT

(BELGIAN) WAFFLE

(FRENCH) WINDOWS

```
F C M D E S G T M G C H Y
A F R D D X E O Q B C G N
J K O M E L E T U J O E N
J F U D T X P N T L P W T
M P L R N C A R O E A F N
E W E E I A S H B E R S A
A A T H E L T E E B E L H
T F T P O Y R S B S W K P
B F E E M N Y K E A T H E
A L C H E C K E R S C C L
L E H S T T H C G Q O O E
L G F O S C H A N N E L N
S W O D N I W D C S D N U
```

9 | The Boss

ADMIRAL

BIG CHEESE

BOUNCER

CAPTAIN

CHIEF

COACH

COLONEL

CONTROLLER

DAD

EMPEROR

EMPLOYER

FOREMAN

GOVERNOR

GUIDE

KING

MAYOR

MOM

OFFICER

PREMIER

QUEEN

SHERIFF

TEACHER

WARDEN

```
P K M C C L N M R N D K R M
T K J O A J D E V E E O T Q
G E A F G P C A S L R E X Q
L C A U O I T E D E G M U N
H N I C F R E A P X O M R Q
R D W F H H E M I K V F E L
E O O A C E E M L N E F L R
V C Y G R H R M A N R I L E
B L I A L D I O R N N R O I
F B H Q M P E M I C O E R M
B O U N C E R N M H R H T E
Q L E N O L O C D I V S N R
E M P L O Y E R A E R L O P
K C K G N I K G X F K V C K
```

10 | Famous Brothers

ALLMAN	JONAS
AMES	MARX
BALDWIN	RIGHTEOUS
BLUES	RINGLING
EVERLY	SMITH
GATLIN	SMOTHERS
HANSON	STATLER
HILLS	WRIGHT

```
T S L L I H N M Y R L S
Y L R E V E G J W R K U
T N I W D L A B T Z H O
L R X S M O T H E R S E
B Z I X T N L Q M S D T
B L V N O A I Q T R H H
N D U S G M N A J G M G
C S N E Z L T S I T A I
C A A K S L I R M N R R
H L C N E A W N Q I X G
T F F R O K C H G B T K
A M E S X J B Y Z N Z H
```

11 | Always a Cross Word

CELTIC

CHARING

DOUBLE

GREEK

HOLY

IRON

JERUSALEM

LATIN

MALTESE

NORTHERN

PAPAL

RED

SOUTHERN

ST. ANDREW'S

```
D Z B I G H O N C C M X E V U J D G
S A R A L W O T E J R Z P L Q I N O
R O D T D R P L K N E Z T Q B I M K
N M V R T V T Z       R R D S R U S P
X X I H V I Z U       T E U A K X O K
E N E C C A B R       A K H S R P G D
Q R N J G V E V       G C X T A F U B
N Y F N M D Q L       I E J C U L F V
M W V                         O E H
V A H                         M S M
E F L W Z R G Y       R H E F J W B Y
Z B A T S U L W       R E B I E O M D
I L G M E O B R       E U P R H H P G
K T B Y H S L R       B C D X E A K N
M E F F B A E O       V N P C P B I I
S S E U X W J O V H A W Q A M T L Q
E F P R Y Y W U U T G E L E A B A S
J Q W V G G G M S Q G B Y L R D I D
```

12 | Arcade Classics

ASTEROIDS

BREAKOUT

CENTIPEDE

DONKEY KONG

DUCK HUNT

FROGGER

MARBLE MADNESS

METROID

PAC-MAN

PAPERBOY

PITFALL

PONG

Q*BERT

SPACE INVADERS

SUPER MARIO

TECMO BOWL

TETRIS

ZELDA

```
S Z S P S U P E R M A R I O C X Z
C T G G N O K Y E K N O D J U O M
K D T S E J O T V R X I G P C A V
B T S R P V Z A E H T F P O Z K P
G U T S U A D J C T D E Y X D C A
O O E O E C C M L U R D E E D S Z
O K C J S N B E C L T I D E T Q Y
S A M S G G D K I D A E S E K T O
T E O F A T H A R N P F R G R G B
W R B I E U Z E M I V O T E I P R
Y B O J N X G E T E I A B I J A E
Q J W T J G M N L D L Q D L P X P
G G L E O O E M S D M B J E O Q A
N C X R K C T R J B A P R D R Y P
O G F B H M H O F B F Q A A J S J
P W G B N A M C A P X L Y O M T T
A Y K N H D I O R T E M N S W K G
```

13 | Original Colonies

CONNECTICUT

DELAWARE

GEORGIA

MARYLAND

MASSACHUSETTS

NEW JERSEY

NEW YORK

NORTH CAROLINA

PENNSYLVANIA

RHODE ISLAND

SOUTH CAROLINA

VIRGINIA

Bonus: Which of the original 13 colonies is not included in this puzzle?

```
M A S S A C H U S E T T S
P Q T U C I T C E N N O C
S N E W J E R S E Y U N E
S M A R Y L A N D T K V N
J B F I A V U U H U V C M
F L H S G W K C F X I A F
A N I L O R A C H T R O N
L O S E O R O L G Z G A Q
E B N Y O M M E E R I P S
X C W L U J Z I G D N N X
O E I E R O W L R T I D G
N N R H O D E I S L A N D
A I N A V L Y S N N E P S
```

14 | Excellent!

ACES

AMAZING

A-ONE

AWESOME

DAZZLING

FANTABULOUS

FIVE-STAR

GLORIOUS

GREAT

HEAVENLY

INCREDIBLE

JIM-DANDY

NIFTY

OUT OF SIGHT

SENSATIONAL

SMASHING

STUPENDOUS

SUBLIME

TERRIFIC

```
A T T H G I S F O T U O S
U C T R S H A I M A D E U
K P E T E M I V W N N M O
G A R S A L A E R S A I D
T N R Z U F S S A W E L N
B I I D G O R T H U J B E
O N F L M O I A L I T U P
G I I E Z O C R M E N S U
A F C X N Z I D O A W G T
R T F A N T A B U L O U S
B Y L O Y N D D Q E G N J
E L B I D E R C N I T Z E
V A D Y L N E V A E H E S
```

15 | The Baseball Diamond

Every baseball term is hidden in the group of letters on the next page. Leftover letters will reveal a quote from "A League of Their Own" and the actor who said it.

BASE	INNING
BATTER	MOUND
BUNT	PITCHER
CATCH	RUN
DUGOUT	STRIKE
FLY BALL	TAG
FOUL	THROW
HOMER	UMPIRE

Leftover letters: _____

_____

```
                E
              R R P
            E T I L H
          T M T P E U W
        T O C H M R E O O
      A U H C S U N O C F R
    B N E T R L L A B Y L F H
  Y D R A B A S E I I N G I N T
    B C R E M O H A N S T E B
      D S T R I K E N A A L
        U R L T T O I M G
          G U H N A N N
            O N U K G
              U B S
                T
```

16 | Matters of the Heart

AORTA	PACEMAKER
ARTERY	PLASMA
ATRIUM	PRESSURE
BEAT	RED BLOOD CELLS
BLOOD	RH FACTOR
BLOOD TYPE	SEPTUM
CAPILLARY	SERUM
CHAMBERS	SYSTOLE
CIRCULATION	VEIN
HEART	VENTRICLE PUMP

```
V E I N P R E S S U R E P K R P
B V R M P T M R N X N A L H T L
R E Y F T M U Q T X C C F J Z G
R N W M B H R X T E K A N N Z Y
E T D H G D E N M F C R O D M R
D R V Z L T S A X T S I D U T E
B I V K Q N K M O K T E I H A T
L C B Q L E K R L A G R P S E R
O L A L R L C Y L T T P R T B A
O E O G O T Y U M A R E B R U B
D P R T C O C A L J B A R R Q M
C U T R M R D V M M H G E V K T
E M A G I R W T A S M L N H R V
L P X C L B J H Y W A Y R D L W
L D O O L B C C A P I L L A R Y
S E L O T S Y S R D E B P J B T
```

17 | Famous "Ands"

(BONNIE &) CLYDE

(ABBOTT &) COSTELLO

(BLACK &) DECKER

(MAYNARD &) DOBIE

(PROCTOR &) GAMBLE

(LAUREL &) HARDY

(OZZIE &) HARRIET

(STARSKY &) HUTCH

(PEANUT BUTTER &) JELLY

(BEN &) JERRY

(JOHNSON &) JOHNSON

(BATMAN &) ROBIN

(LAVERNE &) SHIRLEY

(WILLIE &) WAYLON

(SMITH &) WESSON

M	P	E	M	Q	E	Y	H	N	Y	W
R	G	T	I	D	M	K	A	Y	M	X
W	M	A	Y	B	J	N	R	E	R	J
O	E	L	M	E	O	K	R	L	E	O
L	C	S	R	B	H	D	I	R	K	H
L	R	R	S	U	L	K	E	I	C	N
E	Y	F	T	O	Y	E	T	H	E	S
T	Q	C	V	L	N	D	T	S	D	O
S	H	K	L	N	O	L	Y	A	W	N
O	R	E	N	H	A	R	D	Y	G	K
C	J	Y	D	Q	L	R	O	B	I	N

18 | Food for Thought

APPETIZER

BLEND

BOUILLON

CASSEROLE

CHEESE

COCKTAIL

DRIED BEEF

FRENCH ONION

FRUIT

GARNISH

GOURMET

GRAPEFRUIT

GUACAMOLE

HERB

JUICE

PASTA

RELISH

SALAD

SAUCE

SPICE

TOMATO

```
L M K F J R F E E B D E I R D
T B Z G O U R M E T P B D T G
G L K K B O U I L L O N R C U
C R S A U C E E C I U J H R A
N N A L T L Q O Y H N S F E C
L O Y P K C C K E A I X N Z A
J L I G E K A R S N T L P I M
L H F N T F B S R P K S D T O
C Z M A O C R A S R I A A E L
H B I H T H G U J E L C D P E
E L C S I T C Q I A R N E P C
E X W I U F R N S T E O R A M
S B V L R W N V E L T T L M Z
E G G E F C H J B R R N B E M
Q F N R O T A M O T F Z X Q W
```

19 | Folksinger and Activist

Every word or phrase relating to this famous singer is hidden in the grid on the next page. Leftover letters will reveal a fact about her.

ANNABEL LEE	O BROTHER!
CIVIL RIGHTS	OLD BLUE
COFFEEHOUSES	PETE SEEGER
ENGLISH	SCOTTISH
FOLK SINGER	SILENT NIGHT
GEORDIE	SILVER DAGGER
GUITAR	STATEN ISLAND
KUMBAYA	TE ADOR
LONDON	TO RAMONA
MEXICAN	TREE-SITTER
NEWPORT	UKULELE
NONVIOLENCE	VANGUARD

```
J O R E G N I S K L O F A N B
A T R O P W E N N A C I X E M
E E Z H D A C S O B O R E E N
D L S S S A N P B E F E R R F
R E T T I S E E R T F G O E R
A L H A L M L T O I E G N G G
U U G T E F O O T O E A N E E
G K I E N G I R H R H D O E I
N U R N T U V A E E O R D S D
A M L I N I N M R U U E N E R
V B I S I T O O N L S V O T O
E A V L G A N N A B E L L E E
A Y I A H R R A L D S I Y P G
F A C N T I E N G L I S H F T
Y Y E D H S I T T O C S A R S
```

Leftover letters: _____

_____

20 | The Bahamas

Every word or phrase relating to the Bahamas is hidden in the grid on the next page. Leftover letters will reveal a fact about the island country.

ABACO	GREAT INAGUA
ACKLINS	HANDICRAFTS
ANDROS ISLAND	LONG ISLAND
ARCHIPELAGO	MAYAGUANA
BASKETRY	NASSAU
BIMINI	NEW PROVIDENCE
BOATING	REGATTAS
COMMONWEALTH	SAILING
CRAB FEST	SCUBA DIVING
ELEUTHERA	SWIMMING
EXUMA	TOURISM
FISHING	

```
N T H E O G A L E P I H C R A
B E L E U T H E R A T A H G U
S S W I M M I N G L A M A N G
S A I P E X U M A N M T C I A
L U T H R L B E D E A S T V N
W O T T A O W H O U Y E G I I
U A S S A N V S T A A F N D T
N D B T O G D I C O G B I A A
A Y I M A I E I D S U A H B E
A N M N C S D R C E A R S U R
G O I S K L E V E R N C I C G
C N N H L A O C A B A C F S U
S A I L I N G N D R E F E D M
I S L A N D N B A S K E T R Y
D N A L S I S O R D N A D S S
```

Leftover letters: _____

_____

21 | 3-D Word Search

This puzzle follows the rules of your typical word search: Every word is hidden in the group of letters on the next page. But, in this version, words wrap up, down, and around the 3 sides of the cube.

BLOCK	MESH
BOX	PARALLELOGRAM
COLUMN	PYRAMID
CORNERS	QUADRILATERAL
CUBE	RECTANGLE
DIAMOND	RHOMBUS
EDGES	RIGHT ANGLE
GRIDWORK	SQUARE
HEXAGON	TOWER
HORIZONTAL	TRAPEZOID
INGOT	VERTICAL
LINES	

22 | Shrouded Summary

Hidden in the word search is a summary of a well-known novel. The words you need to find are listed below; in the word search they are presented in an order that makes more sense. As an added bonus, can you name the novel referred to and its author?

BELL-RINGER	GIRL
CENTURY	GYPSY
CORRUPT	MESMERIZING
DEFORMED	SAVES
FIFTEENTH	VICAR
FROM	

Novel and author: _____

_____

```
E D Q S C S L N O S K F M L K
B E L L R I N G E R Q V N K K
X F V E F Q X V N I V G B Q B
E O Z S Q M A H A I I I B F P
W R C M E S M E R I Z I N G Z
J M T O Y K Z R F P Y F I Y X
S E Q N G J Q E D I Z R C P V
G D D P M S L Z D C L O G S L
W F Z N O F A A L Y R M Z Y N
L P R X Y X H O S R H S C F X
Y D Q Z E N U L U U S E O H Q
L S I V H U D P H T K O Y Y G
W A X F I F T E E N T H F Z R
D W G Y G V U V Q E P B Y Q N
D B O O J Y B V I C A R X H R
```

23 | Roman Rulers

AUGUSTUS

AURELIAN

CALIGULA

CARACALLA

CLAUDIUS

CONSTANTINE

DIOCLETIAN

DOMITIAN

HADRIAN

JULIAN

NERO

TACITUS

TIBERIUS

TITUS

TRAJAN

VALERIAN

VESPASIAN

```
H S W A E V N V P O Q B Z W Q
N F A C O A V P S R T G N N D
E F K R I N C L K U H W A I K
S A L L A C A R A C T I H C N
U Q U W O B C I S I R I O A A
I J N A A N R A R E C N T L I
R Z A U Z A X W L D S N C U T
E I I G L J F A U T A G L G E
B T S U G A V G A I Z H A I L
I A A S Q R I N T P S S U L C
T C P T X T T I T Z T B D A O
Y I S U G I M V A N B G I C I
W T E S N O U W E C R Y U H D
Z U V E D Y T R J E B S S S H R
F S C I H Q O N A I L E R U A
```

ATLANTIC

CALUMET

CARSON

DODGE

GARDEN

GUATEMALA

HO CHI MINH

IOWA

JEFFERSON

JERSEY

JOHNSON

KANSAS

KUWAIT

LUXEMBOURG

MEXICO

NEW YORK

OKLAHOMA

PANAMA

QUEBEC

QUEZON

RAPID

REDWOOD

SALT LAKE

SIOUX

TRAVERSE

VATICAN

```
D O D G E Q K R O Y W E N G D
Q I Y G L U X E M B O U R G R
H G P U W R D B N A M A N A P
O K L A H O M A T N S E S G S
C A I T R E D W O O D N I N R
H T O E M W K S G R G N V O C
I L W M K T R A A G A A O S S
M A A A E A Z G L N T C A R T
I N C L C X N J O T L I P E Y
N T X A B E I Z P J L T K F E
H I R N L R E C Z E C A A F D
X C E B E U Q F O R N V S E V
Y N X P Q J M N O S N H O J Q
T R A V E R S E A E E U C X K
L B K X U O I S T Y V W L G Y
```

25 | Acting Icon

Every word or phrase relating to Jack Nicholson is hidden in the grid on the next page. Leftover letters will reveal a fact about the actor.

ART COLLECTOR

ART TALENT

AS GOOD AS IT GETS

CHINATOWN

CLASS CLOWN

CUCKOO'S NEST

THE DEPARTED

EASY RIDER

A FEW GOOD MEN

FIVE EASY PIECES

HOFFA

IRONWEED

THE JOKER

MCMURPHY

PRIZZI'S HONOR

RAGTIME

RANDLE

THE RAVEN

REDS

THE WILD RIDE

WOLF

```
N F I V E E A S Y P I E C E S
I C H I N A T O W N C H O L T
D L S O T H E W I L D R I D E
E A N H A S B E E N N O M E G
E S I C U C K O O S N E S T T
W S N A E A S Y R I D E R R I
N C T N E M D O O G W E F A S
O L R O N O H S I Z Z I R P A
R O T C E L L O C T R A E E D
I W E D V F O R A N G F K D O
O N S C A A R I N T L F O E O
M C M U R P H Y I O F O J H G
I V E D E I F M W F E H E T S
R E N T H D E L D N A R H E A
C A A R T T A L E N T D T E S
```

Leftover letters: _____

_____

26 | Moons of Jupiter

ADRASTEA	LEDA
ANANKE	LYSITHEA
CARME	METIS
CARPO	MNEME
ELARA	ORTHOSIE
EUANTHE	PASIPHAE
EUROPA	PRAXIDIKE
GANYMEDE	THEBE
HELIKE	THELXINOE
HIMALIA	THEMISTO
IOCASTE	THYONE

```
X T H Y O N E K I L E H
C A R P O T S I M E H T
E E T S A C O I W T T D
E K I D I X A R P Y N C
O E N A E T S A R D A E
N R M A A D E L C E U D
I X T R N E P M H R E E
X V A H A A T T O L M M
L L A N O C I P I E H Y
E A H P I S A P N A K N
H E Y D Y H I M A L I A
T B J L H T H E B E P G
```

EASY

ABYSSINIAN	JUTLAND
APPALOOSA	KINSKY
ARABIAN	LIPIZZANER
BRETON	LOKAI
CASTILIAN	MORGAN
DALIBOZ	PAMPA
FRIESIAN	SALERNO
GALICENO	SHIRE
HACKNEY	WALER
HECK	ZWEIBRÜCKER
IRISH DRAUGHT	

```
U C Z I R J Y G A R A B I A N
I S F Y I K K O N E C I L A G
F A A X R P C D A L I B O Z J
R L L H I G H E I A Z N B U N
I E V A S W F L H W O K T A Y
E R O C H U T N E T J L I E Z
S N E K D F L I E J A N R R U
I O H N R F B R G N I M N I P
A G X E A R B M D S H A A H T
N W M Y U Z K K S Y W N G S O
I J L C G U Z Y Y K B Z R A L
Z A K N H A B I I S E O O T Z
H E K L T A R N P N P A M P A
R X X O K C A S T I L I A N N
A S O O L A P P A K L R D E O
```

28 | Shrouded Summary

Hidden in the word search is a summary of a well-known novel. The words you need to find are listed below; in the word search they are presented in an order that makes more sense. As an added bonus, can you name the novel referred to and its author?

CHARGED	PREVAILS
DISPLAYS	RACIALLY
DURING	SADLY
INTEGRITY	SOUTHERN
LAWYER	TRIAL
PREJUDICE	UPRIGHT

Novel and author: _____

_____

```
S O U T H E R N R D O Y I C A
R I P D C R P E C X R W O G J
J U R C R D Z S Y A L P S I D
K D I S Z Q P T M W X W Z U H
A V G N I O I E N J A M B B G
E Y H O P R W A D U E L K C L
Q P T M G N V E U U J E Z L O
W O F E Y N G W Y U V P M C K
G L T P T R I A L V U R M N N
N N J G A E C I D U J E R P P
I B D H W A O U A X Z V J C U
R A C I A L L Y S N Y A G A N
U X B Y S W E W I I Q I Z W V
D D B U L I O R C W T L Z D V
T S S U Y U F V A K Y S E F E
```

29 | B to B

BAG JOB

BAOBAB

BARRY GIBB

BATHTUB

BAUSCH AND LOMB

BEACHCOMB

BEAR CUB

BEDAUB

BEELZEBUB

BENUMB

BICARB

BILLY CLUB

BIO-LAB

BLOB

BLUE CRAB

BLURB

BOOK CLUB

BOOK OF JOB

BREAD CRUMB

BUFFALO BOB

BULB

BUZZ BOMB

```
U W P B M U R C D A E R B R K
B M A X U H B U Z Z B O M B X
O L N N T B E E L Z E B U B J
J M U S S M E X A Y S T N Y V
F B H R B O K A J R H G E W I
O B O T B L R N C T C S B B B
K A R J Z D O J A H L U A O U
O R O B G N B B W D C L B Z L
O C F U I A K Q M O O O X W C
B E T L O H B G L I L X M T Y
K U L B I C A R B A P H I B L
Q L A T Z S B P F B S C B D L
C B B D P U L F K J A I H Q I
Z S T H E A U B U L C K O O B
A S K Z K B A R R Y G I B B T
```

30 | Where to Go on a Date

AQUARIUM	HAYRIDE
ART GALLERY	HORSEBACK RIDING
BANQUET	ICE-SKATING
BICYCLE RIDE	JOYRIDE
CABARET	MOVIE
CAFÉ	MUSEUM
CANOEING	NIGHTCLUB
CARNIVAL	OPERA
CARRIAGE RIDE	PARTY
CIRCUS	PLANETARIUM
COMEDY CLUB	POETRY READING
CONCERT	SLEDDING
DANCING	THEATER
DINNER	WALK IN A PARK
DISCOTHEQUE	ZOO

```
V G C D I S C O T H E Q U E F
R U A Q U A R I U M Z T I Y S
G N I D A E R Y R T E O P E T
N J B S S F D I T C K I O U E
I Q N E D I R Y A H U Z V X E
D X C A N O E I N G E S L O R
I D A N C I N G D Y W A W S M
R P E K S B K O J D Y G T L U
K R K R A P A N I K L A W E I
C O M E D Y C L U B I R T D R
A M W O X Q T T E L C T C D A
B I C Y C L E R I D E G S I T
E D I R Y O J E A U S A Q N E
S O M T E F A C Q P K L J G N
R L U E C A R N I V A L L V A
O P E R A I A O D U T E Y K L
H J S A B B C C T H I R B P P
W M U B Z N K D V R N Y H M T
L N M A B U L C T H G I N W Q
M X J C A R R I A G E R I D E
```

EASY

This is a standard word search with a twist: For each word in the list, you must add one letter to form a new word, which you will then search for in the grid. For example: If the listed word is CARTON, you'd search for CARTOON; if the listed word is OTTER, you might have to search for HOTTER or POTTER.

ASSET	CANE	PATH
AXED	CARB	PLATE
BEET	CHIN	RACED
BELOW	FURY	REEL
BOILER	GAZE	REVERE
BOOM	HARM	REVIEW
CAMBER	HEAVES	SOUR
CAMPED	KART	

```
O S R O B E S A W C F W D
U T E A R C A R O B U E G
H R V M O A P T R H X I H
R N E U I D E K C A R V Z
E I R D L G V T F U H E W
B A S S E T A L P M Q R O
M H E B R P A T E N K P L
A C B R O O M R R B Q Z L
H E A V I E S A A I E H E
C A N O E Z H T R K A R B
F G V F F U R R Y C D L G
S Y V G H A R E M A T B B
C O D H O G E E T A L A P
```

EASY

ATTACK

BENDER

BLOCKING

BREAKAWAY

CROSS-CHECKING

DEKE

DIPSY DOODLE

DROP PASS

GOAL

HAND PASS

HAT TRICK

HIP CHECK

HOOKING

ICING

MOON SHOT

OFFSIDE

POKE CHECK

REBOUND

ROUGHING

RUSH

SAUCER PASS

SCORE

SCREENED SHOT

SLASHING

SNAP SHOT

SWEEP CHECK

TOE DRAG

THE TRAP

```
G I B L O C K I N G X D E K E
Y X A K C E H C P I H L G S L
H O K U K O Q A E A F S J C D
G M K T O F R D T H V C U O O
I O O K B T I T N V C R R R O
Z O I J E S R R E D N E B E D
U N S H F I O Y T L B E K S Y
G S T F C U S O W O F N W O S
Z H O K G N H S U H E E Z A P
L O S H G S Z N A W E D L T I
N T I H P N D X H P N S R T D
C N J A I Z I U C K P H E A O
G G N I K C E H C S S O R C G
F S A Y E H E D S O C T R K N
B D S A U C E R P A S S R D I
B R E A K A W A Y E L R B V C
G M G J H H A N D P A S S N I
```

Every deliciously decadent word or phrase is hidden in the grid on the next page. Leftover letters will reveal a quip about the favorite dessert.

BEEF	MARBLE
BIRTHDAY	OAT
CHEESE	PAN
COFFEE	PATTY
CRAB	POUND
DEVIL'S FOOD	RICE
FISH	RUM
FRUIT	SHORT
FUNNEL	SPONGE
HOE	TEA
HOT	UPSIDE-DOWN
JOHNNY	WEDDING
LAYER	

```
E M Y D M O C T O H R U T
O E L D D A U S O T P O E
B A F T O C R E P S T G M
O I A F H O F B I A N R E
Y O R E O U F D L I T E V
E N E T N C E S D E G T G
F S N N H D N D L N R E Y
E E E H O D E A O I T U A
S L E W O W A P P T V B M
L H N B E J S Y I L D E S
S E O O C H L U A N E T D
S B C R S A R Y U T T K E
A C A I T F E O A R O E R
O B F T R R P C A K E H A
```

Leftover letters: _____

_____

34 | Spain

Every word or phrase relating to Spain is hidden in the grid on the next page. Leftover letters will reveal a fact about the European nation.

ANTONIO BANDERAS

BARCELONA

BEANS

BULLFIGHT

CANARY ISLANDS

CERVANTES

DALÍ

DON QUIXOTE

EBRO RIVER

EL GRECO

EL PRADO

FLAMENCO

GOYA

HISPANIA

ISABELLA

JOSÉ ITURBI

MADRID

NAVARRE

PAELLA

PICASSO

PLÁCIDO DOMINGO

SEVILLE

VELÁZQUEZ

```
S P F L A M E N C O A I N N I
H S T B N H E S E L P R A D O
I B R U T I E S O J L E V C O
S E E L O S L D E N A A A D L
P A V L N A G N T V C N R A R
A N I F I B R A O E I O R G E
N S R I O E E L X L D L E P S
I E O G B L C S I A O E L A T
A T R H A L O I U Z D C C E O
D N B T N A S Y Q Q O R U L N
I A E T D Y S R N U M A R L Y
R V L I E O A A O E I B N A W
D R E I R G C N D Z N S T E R
A E N E A U I A R O G P E A F
M C T E S R P C F R O A N C E
```

Leftover letters: _____

_____

35 | An Archetypal Director

Every word or phrase relating to director Steven Spielberg is hidden in the grid on the next page. Leftover letters will reveal a fact about the famous filmmaker.

ALWAYS

AMBLIN

AMISTAD

AMY IRVING

CINCINNATI

DEMOCRAT

DREAMWORKS

DUEL

THE GOONIES

HOLOCAUST

JAWS

JOHN WILLIAMS

KATE CAPSHAW

LINCOLN

MUNICH

SHOAH

SLAVERY

THALBERG AWARD

THETA CHI

THREE OSCARS

TINTIN

UNIVERSAL

WAR HORSE

```
L I F E Y R E V A L S I T M N
T A H G A Z I M N A E H H N I
H S D C A M Y D E M O C R A T
A E U D I I H R I I M A E J N
L T E A R N H E J S E T E O I
B C L V C M U A O T S E O H T
E I I U T O W M I A N H S N W
R N N N F S L W S D L T C W A
G C C I U E N O T Y I A A I R
A I O V L P E R H R A S R L H
W N L E O N O K F H I W S L O
A N N R S G E S N E R A L I R
R A T S H O A H N I L B M A S
D T K A T E C A P S H A W M E
I I O L T H E G O O N I E S N
```

Leftover letters: _____

_____

Hidden in the word search is a summary of a well-known novel. The words you need to find are listed below; in the word search they are presented in an order that makes more sense. As an added bonus, can you name the novel referred to and its author?

AFTER

AGAINST

ARDUOUS

BATTLE

CONSUME

CUBAN

ENTIRE

FISHERMAN'S

GIGANTIC

MARLIN

PRIZE

SHARKS

Novel and author: _____

_____

```
Q E L I J Y S L C G G B S A X
P N M J J C D T S F W J D T W
H T X U S K O Y P H C S H S E
P I W K S H A R K S H J S K V
K R A Y U N J L P U S T U T X
S E I E K K O C K B S V B C E
N N P Z M F L C Z M A R L I N
A A F T E R O X J S T B H T S
M E B E H Y B T H V E L G N Z
R I F U T D I L C L O F H A A
E D N H C M Q V T S N I A G A
H E B N W H H T Z E N J D I E
S U O U D R A E R D W Z M G L
I N R L S B X N O T R M L T U
F N M X F P X O O T W B V P H
```

37 | 3-D Word Search

This puzzle follows the rules of your typical word search: Every last name (the first name for each being David) is hidden in the group of letters on the next page. But, in this version, words wrap up, down, and around the 3 sides of the cube.

BECKHAM	HALBERSTAM
BIRNEY	HOCKNEY
BOWIE	LEISURE
BRENNER	LETTERMAN
BRINKLEY	LLOYD GEORGE
BYRNE	MAMET
CARRADINE	MERRICK
CASSIDY	NIVEN
CROSBY	RABE
DINKINS	SOUL
DOYLE	SOUTER
FROST	SPADE
GILMOUR	STEINBERG

38 | Flying High

You may not have x-ray vision, but we're sure you've got enough "steel" to find these words hidden in the grid on the next page. Leftover letters will reveal a classic catchphrase from the "Superman" series.

BIZARRO

BRAINIAC

CLARK KENT

COMIC

DAILY PLANET

FLIGHT

HERO

JIMMY

JOR-EL

KAL-EL

KRYPTON

KRYPTONITE

LARA

LEX LUTHOR

LOIS LANE

MAN OF STEEL

METROPOLIS

NON

OTIS

REPORTER

SMALLVILLE

STRONG

ZOD

```
        L O I S L A N E     L O G O
      H T N E K K R A L C   K D N C
    E U O               K R Y P T O N
   R L N                   P I M R Z
  O N L                     T I H T E
 S K Y I                   C I T S S
 A B I V R
 D A I L Y P L A N E T D I K T
 S A P L L S L E E T S F O N A M
 O R R A Z I B R A I N I A C A L N
 E I M E T R O P O L I S T S S E A
   S U O L E X L U T H O R P R L
                         E A R M
                         L J A
   J I M M Y             O N
   E T I N O T P Y R K
   R E P O R T E R
   T H G I L F
```

Leftover letters: _____

_____

MEDIUM

Every word or phrase relating to actress Elizabeth Taylor is hidden in the grid on the next page. Left-over letters will reveal an interesting bit of trivia about the screen legend.

BUTTERFIELD 8	MGM
CLEOPATRA	MICHAEL JACKSON
EDDIE FISHER	MICHAEL TODD
ELIZABETH TAYLOR	MICKEY ROONEY
GIANT	NATIONAL VELVET
IVANHOE	PASSION
JAMES DEAN	PERFUMES
JANE EYRE	POKER ALICE
LASSIE COME HOME	RICHARD BURTON
LIZ	VELVET BROWN
LONDON BORN	THE VIPS

```
N N O S K C A J L E A H C I M R
R O A M I C K E Y R O O N E Y O
O T R E H S I F E I D D E O S L
B R T H E O N C S P I V E H T Y
N U A V E L V E T B R O W N E A
O B P A S S I O N L A U A A C T
D D O T L E A H C I M I S V J H
N R E T I O N E D Z G E O I A T
O A L A S S I E C O M E H O M E
L H C F F O N E O U F H E R E B
F C B U T T E R F I E L D 8 S A
A I E C I L A R E K O P M O D Z
U R S J A N E E Y R E D I A E I
M O N D S P T O F U N D A H A L
O T E V L E V L A N O I T A N E
S P I T A L I N B O T S W A N A
```

Leftover letters: _____

_____

40 | Add-a-Letter

This is a standard word search with a twist: For each word in the list, you must add one letter to form a new word, which you will then search for in the grid. For example: If the listed word is CARTON, you'd search for CARTOON; if the listed word is OTTER, you might have to search for HOTTER or POTTER.

ADDLE	FURRY	RESECT
BATH	HUNTED	SALLOW
BOON	LAUGHTER	SAPPED
BORDER	MATTER	SAVE
CANON	MODES	SCAPE
CAVE	MOTION	SHOE
CORD	PEAL	STANCH
DEIST	PINED	SURLY
EASEL	PITY	SWAT
FOUR	POWER	THOUGH
FRIGHT	PROM	TORN

```
Q D Y I M N L S T A U N C H E
V R L F X O B H I B D E G D L
T O E Z S R U O L F V U E F D
H H R B N O A R A A O T C L D
O C U X A B F E R R N A E U A
R N S O P T G C H U D N N R P
N R E S P E C T A R P E A R L
F O Y G E I H H E C H G R Y F
S W I U D G N T S I S E D M D
S M Q T I Q H E S O S U A V E
P C A E O G R E D W O P N Z V
R I R T U M H E E L E S A E W
O F T A T S E D O M G A A X K
M B L H P E C A N N O N T E A
O S B E Y E R S H A L L O W I
```

First find the elements listed below in the grid on the next page. Then try your hand at this bonus question: 85 of the 118 elements have something in common; however, none of the elements listed here share that feature. What is it?

ANTIMONY	GOLD	OXYGEN
ARGON	HYDROGEN	PHOSPHORUS
ARSENIC	IODINE	RADON
BISMUTH	IRON	SILICON
BORON	KRYPTON	SILVER
BROMINE	LEAD	SULPHUR
CARBON	MANGANESE	TIN
CHLORINE	MERCURY	TUNGSTEN
COBALT	NEON	WOLFRAM
COPPER	NICKEL	XENON
FLUORINE	NITROGEN	ZINC

Bonus: _____

```
I N O T P Y R K K X S A W D C
R O D V V S E W T L A B O C H
L B D N E N I C K E L W L N L
D R D I I S U L P H U R F N O
I A L M N C U W I Z N C R D R
H C O A O E R R H C I N A R I
D R G E E B O R O N O N M H N
B A N O N E X P E H T N C E E
I D E T M I P S Y I P A T L G
S O G L R E R D M E G S R T Y
M N O G R A R O N K G E O Y X
U O R X I O N C U N V W Q H O
T R T A G Y J K U L N P N W P
H I I E K B E T I R F A H K U
M A N G A N E S E A Y T O S D
```

MEDIUM

ALPHABET BLOCKS

BABY DOLL

BALL

BARBIE

BICYCLE

BIG WHEEL

CANDY LAND

CHECKERS

EASY-BAKE OVEN

FRISBEE

GAME BOY

G.I. JOE

HULA HOOP

JACKS

KITE

LINCOLN LOGS

LIONEL TRAINS

MARBLES

RAGGEDY ANN

SCRABBLE

SILLY PUTTY

SKATEBOARD

SLINKY

STICK

TINKERTOY

VIEW-MASTER

```
S C R A B B L E N T A S S I M
K G E S R E K C E H C K B O Y
C R O I N A T I M O C A P O L
O D S L I N K Y P A R T B L G
L T E L N I D O J B R E T I N
B I C Y C L E N I S M B J O R
T N A P B K O E A A N O L N E
E K R U I I N C G L E A T E L
B E C T H B G O N D Y R E L S
A R E T S A M W E I V D O T S
H T L Y P L A T H A L D N R T
P O O H A L U H S E Y O C A I
L Y M M E F R I S B E E T I C
A R A G G E D Y A N N L A N K
N E V O E K A B Y S A E D S O
```

43 | Get a Move On

BOUND

FLOUNCE

GALLOP

HOBBLE

JUMP

LEAP

MARCH

MOSEY

PACE

PERAMBULATE

PLOD

PRANCE

RACE

SASHAY

SAUNTER

SCUTTLE

SHAMBLE

SHUFFLE

SIDLE

SKIP

STRIDE

STROLL

STRUT

SWAGGER

TIPTOE

TODDLE

TRAIPSE

TROT

TRUDGE

WALK

```
T O D D L E O T P I T H I L Z
K P A C E C N U O L F P J J J
K R J S C U T T L E E Y J Y N
G A T Z M Y R R L R N A H H J
H N W R E T N U A S Q H O F B
E C W P O N E M G I W S B N U
E E B F M T B Y K V P A B E Y
B S H S T U R T S T H S L Y N
C L W H L C J T P L O D E K A
H C R A M C R R E B I S K I P
D S T M G O Y E D S O E G O A
Z E R B L G L C I M M U Z I E
A W C L A V E A R D A E N Q L
A V J E G D U R T I W V K D M
C L C B Q V V S S H U F F L E
```

Every word or phrase relating to Japan is hidden in the grid on the next page. Leftover letters will reveal a fact about the Asian nation.

ANIME

CHERRY BLOSSOMS

CHOPSTICKS

FUGU

GEISHA

GETA

GINZA

HAIKU

HELLO KITTY

HOKKAIDO

HONDA

HONSHU

IKEBANA

JAPAN

KANJI

KARAOKE

KARATE

KIMONO

MANGA

MARTIAL ARTS

NINJA

NOH

ORIGAMI

RICE

ROCK GARDEN

SAKE

SAMURAI

SEPPUKU

```
G T O Y O T A J K I M O N O A
I A R U M A S G E I S H A O C
N T I A P Y T T I K O L L E H
Z A M T A N A H O N D A I S E
A M A E A R S G U K I A H C R
O I G G A U U N N I N J A R
E T I K S R Y O N A P A J I Y
F K R M O R E T H A M B N J B
T R O C K G A R D E N E H N L
S T R A L A I T R A M K R A O
T E E T R C H O P S T I C K S
H O O T E A C E R E M O N Y S
U S K K H O K K A I D O M A O
A N A Y D I S L A N F U G U M
D S S H O N S H U K U P P E S
```

SUMO　　　　　　　　**TEA CEREMONY**

SUSHI　　　　　　　　**TOKYO**

TATAMI　　　　　　　　**TOYOTA**

Leftover letters: _____

_____

ABEAM

ABOARD

ANCHOR

AVAST

BARNACLE

BELOW

BOSUN

BRIDGE

BRIG

BULWARK

CABIN

CREW

CROW'S NEST

DAVITS

FIRST MATE

GALLEY

GANGWAY

GUNWALE

HEAD

HOLD

KEEL

LIFEBOAT

MAST

ORLOP

POOP DECK

PORT

PURSER

SAILOR

STARBOARD

STATEROOM

STEERAGE

STEWARD

```
            T W A U
        Q K Y T A O B E   F I L C D J
      H B Q C A L M     R E S R U P C
    Y V A V X E W A     E L A W N U G W
  E G D I R B D D G Y D R O L I A S N F S
  R D T           P N R B         R B M
                  V O A V
                  U Y O G
        B         A E B P         Y
      A A R       A L R F       T W Q
    B N R Q I     M L A I     D I S C D
  P Q C N Z P G   I A T R   B U L W A R K
  Z P H A         B G S S       V B V M
  Y Y O C S       P O R T     I M I X A
  B K R L H L     A T D M     T A D N G I
    O K E R M O O R E T A T S E L E E K
    T C R O W S N E S T E B O S U N
        S T E E R A G E A H K O
            T D R A W E T S
              L C T V
```

46 | Fire and Ice

BLAZE	FROZEN
BONFIRE	GLACIER
CHAR	HAIL
CHILLED	HEARTH
COMBUSTION	ICEBERG
CONFLAGRATION	ICICLE
CRYSTAL	INFERNO
CUBE	NUMB
DIAMOND	PYRE
EMBER	SCORCH
FLAKE	SLEET
FLAME	SNOW
FLARE	UP IN SMOKE
FROST	

```
O D C N V O Q P K N O L O X C M D
K D D O G E J K H Z H T R A E H H
P W O B M O E I A L E A D B R W A
M B G R E B E C I E K R Q S I P C
H A P E Q O U P L Q A T K K F Q E
V N C B C R Y S T A L R E V N K H
W J Y M T Q P I T L F E T S O R F
G Y W E L C I C I I C N U M B Y A
X W M E M H G L H C O B S D P X K
A N O I T A R G A L F N O C S D B
H U M N G H L E A U I R E C Y I Z
K Y A Y S A H F C P E V O O Y A I
D C F B C H A L U A L R Q Z S M S
R C H I L L E D B O C X C I E O P
J S E A D A P T E H F L A R E N C
U R M C R T Z T M G Q Z Y Z Y D K
Y E F R O N R E F N I P S F R N O
```

47 | Blankety-Blank

To complete the word search, you will have to determine the missing letters in the center of the grid. Once you have revealed those letters, you will discover a quote from politician Adlai Stevenson.

ARRESTEES

BIRD'S NEST

CHOCOLATE CAKE

CINDY CRAWFORD

CIVIL SUIT

CLARINET

CUB REPORTER

DEPARTMENT HEAD

DE RIGUEUR

ESOTERIC

FOREIGN

GETS EVEN

HEATHROW

HUSTLES

MALTEDS

OBSOLESCENCE

OKEY-DOKEY

OVERHEATED

PROSTHETIC

ROSE BOWL

SLIPSHOD

SNOW GOOSE

STANDING UP FOR

STAR-SPANGLED

WATER PARK

WESTERN OMELET

YELLOWSTONE

```
A D E L G N A P S R A T S C Z
D E C N E C S E L O S B O H R
R E T W O I L G I S U B N O O
O P P R E T R O P E R B U C F
F C L A S E S G S B H O I O P
W L P U R         M V R L U
A A H E A         I E S A G
R R T H S         I R C T N
C I R E T         L H Y E I
Y N V E R         H E M C D
D E U N S P I G F T E A Y A N
N T X I C T A I W S H T E K A
I D W E S T E R N O M E L E T
C Y E K O D Y E K O N D A A S
R M A L B I R D S N E S T D M
```

Hidden quote: _____

_____

48 | 3-D Word Search

This puzzle follows the rules of your typical word search: Every word is hidden in the group of letters on the next page. But, in this version, words wrap up, down, and around the 3 sides of the cube.

ADIRONDACK	CAIRNGORM
ALPS	HINDU KUSH
ALTAI	KHINGAN
ANDES	KUNLUN
APENNINE	PYRENEES
APPALACHIAN	ROCKIES
ATLAS	SIERRA NEVADA
BALKAN	TATRA
BIG HORN	TETON
BLUE RIDGE	URALS
BROOKS	WASATCH

49 Language of Love

AMOUR

ANGEL

ARDOR

BABE

BABY DOLL

BEAU

BELOVED

BOYFRIEND

BUTTERCUP

COURTSHIP

CRUSH

CUPID

DARLING

DATE

DEAR

EMBRACE

FLAME

FLIRT

GIRLFRIEND

HONEY BUNCH

HUGS

INFATUATION

KISSES

PASSION

ROMANCE

SMOOCH

SNOOKUMS

SOUL MATES

SWAIN

SWEETHEART

SWEETIE

TURTLEDOVES

VALENTINE

```
        F N Z C              D S P G
      Q P I E T X U L      M B E B E A U H
    C O U R T S H I P G R J T N O I S S A P
    S W E E T I E F R I O A H C O O M S R S
  L O Q B O Y F R I E N D N E I R F L R I G I
  L U H C W R        P I R I        Z F F N K D
  O L C T J          D A            J L F E F
  D M P U                            I A C S
  Y A I R                            R T M T
  B T R T                            T U R E
  A E O L                            K A G B
  B S Z E I                        O E T K A
  H Y S D W N                      O H I I H B
  G F G O X R G                  N T D V O A U
    Y W V G U K F                S E X A N N U
      B E L O V E D            N E N L E G E
        S H M U Y M D        S W H E Y E C
          H A S N L B C B S G N B L P
            S R P U C R E T T U B G
            U R E S W A I N T H
              R O M A N C E Y
                C K E H I E
```

50 | Switzerland

Every word or phrase relating to Switzerland is hidden in the grid on the next page. Leftover letters will reveal a fact about the European nation.

ALPHORN	MATTERHORN
BANKS	NESTLÉ
BASEL	NEUTRALITY
BERN	RHINE
CERN	RHONE
EIGER	ROGER FEDERER
GENEVA	SWATCH
GLACIERS	VAUD
HEIDI	VELCRO
INN	WATERFALLS
JOHANNA SPYRI	YODELING
JUNGFRAU	ZUG
JURA MOUNTAINS	ZURICH
LAKE GENEVA	

```
S W I T Z M A T T E R H O R N
E A R L A N D Y I V I U O S E
O L N E O F O T E H A G J E U
R P I B C D H L G R E U E I T
E H S T E C C L F R R Z D R R
O O U L N R A G F A U I E Y A
T R I R O C N E M R E I L P L
E N S I I U D O I H N T T S I
G N H E J E U C N I S H S A T
E W R C R N H O N N R K E N Y
L S D E T A V E N E G W N N B
I T R A C A V E N E G E K A L
H V I E R Y W O H I G H S H B
Q N U A L I H S T Y O E F O L
S L L A F R E T A W L I F J E
```

Leftover letters: _____

_____

51 | Hockey All-Time Scorers

ANDREYCHUK

BOURQUE

BUCYK

COFFEY

DIONNE

ESPOSITO

FRANCIS

GARTNER

GILMOUR

GRETZKY

HAWERCHUK

HOWE

HULL

JAGR

KURRI

LAFLEUR

LEMIEUX

MESSIER

MIKITA

MODANO

OATES

RECCHI

ROBITAILLE

SAKIC

SAVARD

SELANNE

SHANAHAN

SUNDIN

TROTTIER

TURGEON

YZERMAN

```
B O U R Q U E V E N N A L E S
P N W L R E S P O S I T O X B
Q A T I K I M Z E O L L U H S
Z D B U C Y K U H C R E W A H
E O G N E L L I A T I B O R A
Z M A F R W H R R M S K J O N
M R F K U H C Y E R D N A Z A
F O Y S O N C L I B R T G S H
C L S W M T N G T Q E L R A A
L V E L L D I Q T S C A E V N
M E S S I E R R O X C F N A I
Z K Q O G S V S R N H L T R D
D D N O E G R U T U I E R D N
S N A M R E Z Y T L K U A S U
E G O S Q K Y K Z T E R G N S
```

52 | Life Stories

Every biographical film is hidden in the grid on the next page. Leftover letters will reveal some of Hollywood's most well-known biopics.

AMADEUS	JOHN ADAMS
ANTWONE FISHER	LENNY
THE BABE	LITTLE RICHARD
BLAZE	MACARTHUR
BONNIE & CLYDE	THE MIRACLE WORKER
BRIAN'S SONG	NIXON
BUGSY	PATTON
ELVIS AND ME	PETER THE GREAT
FUNNY GIRL	PIAF
GANDHI	SINATRA
GERONIMO	TRUMAN
GOTTI	WALKING TALL
GYPSY	WYATT EARP
JESUS OF NAZARETH	

```
P O T H E R B I O P I C S I N C L
E J U D E W Y A T T E A R P C L P
T H E B A B E O A Z L M I N E I R
E P S S D M A C A R T H U R A T L
R M A A U U G L H T E R B F O T L
T R D T S S B F U N N Y G I R L A
H B A N T W O N E F I S H E R E T
E R T M A O N F Y A L G B I O R G
G I Y F A S N I N A M U R T N I N
R A D I G D I N N A R B G T N C I
E N E V E E E V E R Z T L O A H K
A S N D R M & U L Y L A A G D A L
T S E F O T C F S E O O R N T R A
N O X I N S L E A B I S A E I D W
C N U I I G Y P S Y T G A N T S D
T G O S M A D A N H O J M & V H I
R E K R O W E L C A R I M E H T V
```

Leftover letters: _____

_____

53 | & So Forth

Every word or phrase contains an "and"—but we've swapped "and" with an ampersand (&) in the grid on the next page.

AFRICAN DAISY

AMERICAN DREAM

ASWAN DAM

BEAN DIP

CHRISTIAN DIOR

DICK VAN DYKE

FAN DANCE

LIBYAN DESERT

MAN-TO-MAN DEFENSE

MEAN DISTANCE

NO CAN DO

OCEAN DEPTHS

PAGAN DEITY

RAN DRY

RUSSIAN DRESSING

SAN DIEGO

SWAN DIVE

TASMANIAN DEVIL

TRUMAN DOCTRINE

VEGETARIAN DIET

```
W F B T Q A B O Z O A O T N T F
R I S P R O S E C F G A & S Z Z
P O K E P U V W R E S E G C V K
S L I I S I M I & M & N I K O L
D E & & N C & A A I E V & Q N
D E J W I & E N O S M E P M S D
B M S T A T I F S C G B A T E F
P V E I R & S E E E T E H K H R
G A S & E E R I T & R R Y C U S
D Y G V I & S A R & M & I R T T
H R I & I S R E C H V O & N F J
P L E S E I T I & K C R T & E N
F C S Y & I R A C Y Y U A N G T
M U B I Z E T I N B B N Y M A G
R J E T M S D Y G C C I G C X M
Y T H A R U T C K E E Z L D D G
```

54 | Science Class

ACID	FLUID
ALCOHOL	FUEL
ALKALI	ISOMER
ALLOY	LIQUID
ANION	METAL
ATOM	MIXTURE
BASE	NEUTRON
BOND	ORGANIC COMPOUND
CATALYST	OXIDE
CHELATE	PHASE
CRYSTAL	PLASTIC
DISPERSION FORCE	RESIN
ELEMENT	SALT
ENZYME	SOLID
ESTER	SOLUTE

```
O R G A N I C C O M P O U N D
T V J A Q S D I U L F A M C G
L L O E A C E N Z Y M E B H E
A A E L R C R O O C W F U E L
S O L I D U E D R B T X S L N
A O T V V E T Y H S S F X A I
Y F L N T R S X Y L E C I T S
P M L U E T E L I D G I L E E
K L L S A M A M I M E T A L R
R O A L E T E X O P O S K W A
S H F C A A O L S S B A L N C
P O D C W L N M E U I L A C I
E C R O F N O I S R E P S I D
Q L I Q U I D T O C M B A S E
E A G N O R T U E N Q Q A E X
```

55 | Blankety-Blank

To complete the word search, you will have to determine the missing letters in the center of the grid. Once you have revealed those letters, you will discover a quote from comedian Steven Wright.

ANNE RICE	HOSEPIPE
BEEKEEPING	HOTSY-TOTSY
BIOENGINEER	INDIAN SUMMER
THE BRONX ZOO	INVALUABLE
CASSOULET	LOUIE DE PALMA
CELIA CRUZ	MAUNDY THURSDAY
DEMEANED	MOONSHINE
DRAMATIZATION	OBJECTIFY
ENCODES	ORATORIO
ETRUSCAN	OVERDRAWN
FLAGPOLE	PERMUTATION
GRUYERE	PLUM TOMATO
HAMMOCK	POKING FUN AT
HATCHET MAN	RULERS

```
O O Z X N O R B E H T H A Y N E W N
C R U M B O N D L O A G W T N H O S
D R A M A T I Z A T I O N I T O P E
A Z G T Y U A T C S I M H R T N T K
S L U D O J N H A Y H S T A M I N A
P O R R E R E D H T N I K H T L Y T
O B J E C T               F C E O B S
K C O M M A               O T M U L P
I G I A W M               R E L I N E
N A N N C S               L E Z E V E
G W V I A H               R W P D S W
F L A G P O               S S U E E S
U S L R S E G N A A P O N R D P R K
N T U S D T E N E D I O V O E A E M
A B A P U R W K M I P D C A N L Y E
T C B D I E E N E R E N N U R M U R
P A L C H E W V D E E A K I U A R R
R E E N I G N E O I B T R O T P G A
```

RUMRUNNER

SASKATOON

SHIFTLESS

SHOE TREE

SHORELINE

STAMINA

SWEEPSTAKES

SWEET CHARITY

TANDOORI

TURNED UP

Hidden quote: _____

_____

56 | Add-a-Letter

This is a standard word search with a twist: For each
word in the list, you must add one letter to form a
new word, which you will then search for in the grid.
For example: If the listed word is CARTON, you'd
search for CARTOON; if the listed word is OTTER,
you might have to search for HOTTER or POTTER.

ARCED	FINER	ROTE
ARTICLE	HORSE	RUSE
BLITZ	INSOLENT	SELVES
BURRO	LADDER	SOLDER
CAMPS	LISTEN	SOPPED
COPPER	MILES	STEW
CRATE	NOEL	STUDY
DARING	OUNCE	TACT
DERIVE	PLACE	TAPPED
EXITED	POND	VALE
FAIL	POSER	VIOLET
FAME	RANCH	

```
V I O L E N T S H E L V E S F
S C H O P P E R T I C A T W L
R L G L I S T E N L R P D E A
P P O S U P O S T E R A E R M
X G A P E V O J G X U L P T E
M O M Q P L F N V C C A R S Q
Z A E C V E I G P I T C I S G
C G C E P F D M T T F E V T L
S Z N O H O A R S E R K E U A
O T U I T B A W T D O J L R D
L N O X L P O A U Z U S C D D
D I P M P R E U S E T H J Y E
I L G E R R A N O V E L D T R
E B D U C A W D M D F R A I L
R Y B R A N C H E V V A L V E
```

57 | Trees

ACACIA

ASH

ASPEN

BALSA

BEECH

BIRCH

CEDAR

CHERRY

CYPRESS

DOUGLAS FIR

EBONY

ELM

GUM

HEMLOCK

HICKORY

IRONWOOD

JACARANDA

LARCH

LAUREL

MAHOGANY

MAPLE

OAK

PINE

POPLAR

REDWOOD

ROSEWOOD

SANDALWOOD

SPRUCE

SYCAMORE

TEAK

WALNUT

WILLOW

YEW

```
R O S E W O O D H W A L N U T
E L M Y G S Y C E D J K W Q P
C E F K C R R W A C A C I A S
A D N A R A C A J O H C E E B
D T X E L Y M A H O G A N Y N
E O H T P D Q O H I C K O R Y
K C O R P W J A R E D W O O D
A E E W I G U M S E M Y N U F
H S B L N B J B E P L L W E Y
S C L O E O V Y C Y E Y O R X
C O R A N I R E U Z R N T C A
W E C I B Y L I R H U N Q S K
C Z D G B P P O P L A R H H D
Y U Y A A R I F S A L G U O D
V W F M R S A N D A L W O O D
```

58 | A Role for Everyone

AUTOCRAT

BURGHER

CHAIRMAN

CITY FATHER

CLERK

COMMISSAR

CONGRESSMAN

CORONER

COUNCILWOMAN

CZAR

DEPUTY

DESIGNATE

DESPOT

EMPEROR

FEDERAL AGENT

KING

LAWMAKER

MANAGER

MAYOR

OFFICIAL

PHARAOH

QUEEN

REPRESENTATIVE

SENATOR

STRONGMAN

TREASURER

TYRANT

VICEROY

WARLORD

```
W  P  J  A  O  F  F  I  C  I  A  L  R  C  R
A  Z  G  H  J  J  C  O  R  O  N  E  R  E  J
R  E  G  A  N  A  M  R  I  A  H  C  P  D  E
L  B  F  Y  P  M  G  R  M  T  G  R  E  M  C
O  T  F  E  I  F  E  S  A  D  E  S  P  O  T
R  P  N  S  D  K  S  F  D  S  I  E  U  R  A
D  H  S  A  A  E  Y  G  E  G  R  N  E  F  R
K  A  V  M  R  T  R  N  N  O  C  A  Y  V  C
R  R  W  G  I  Y  T  A  R  I  S  T  Z  I  O
E  A  N  C  T  A  T  E  L  U  K  O  L  C  T
L  O  F  U  T  E  H  W  R  A  Q  R  R  E  U
C  H  P  I  G  G  O  E  G  U  G  O  O  R  A
M  E  V  T  R  M  R  Y  E  C  Y  E  G  O  S
D  E  C  U  A  N  S  E  Z  A  T  I  N  Y  G
S  O  B  N  Z  B  N  A  M  G  N  O  R  T  S
```

59 | Let's Go to the Opera!

Every opera or opera character is hidden in the grid on the next page. Leftover letters will reveal a quote from Voltaire.

AIDA

ALCESTE

ARABELLA

CARMEN

DON CARLOS

DON GIOVANNI

DON JUAN

DON PASQUALE

ERNANI

FALSTAFF

FAUST

FIDELIO

IL TROVATORE

LA GIOCONDA

LAKMÉ

LA TRAVIATA

LOUISE

THE MAGIC FLUTE

MANON

MARTHA

MIGNON

NORMA

OBERON

OTELLO

PAGLIACCI

PARSIFAL

PRINCE IGOR

RIGOLETTO

```
A A N D O N P A S Q U A L E Y
L A G I O C O N D A C S O T T
L F M H I N D O N C A R L O S
E A N A R I G O L E T T O G I
B L T T R O H I A S A L O M E
A S I A H T G T O I I L S T G
R T O I N L H I D V L T U N F
A A I V E A O A E E A L O O R
P F L A M K S T T C F N B N I
A F E R R M S O T C N E N G E
G U D T A E D P I L R I O I D
L I I A C N D G O O I T R M O
I O F L A B A U N E N S M P N
A P A R O M I K E O A N A I J
C S U R E S U A H N N A T S U
C T S H E L A F I S R A P U A
I L T R O V A T O R E N M G N
```

SALOME	**THAÏS**
SIEGFRIED	**TOSCA**
TANNHÄUSER	**TURANDOT**

Leftover letters: _____

_____

60 | Australian Animals

BANDICOOT

BETTONG

BILBY

CASSOWARY

DINGO

DUNNART

EMU

GALAH

GHOST BAT

GOANNA

KANGAROO

KINKAJOU

KOALA

LYREBIRD

NUMBAT

PADEMELON

PLATYPUS

POTOROO

QUOKKA

QUOLL

WALLABY

WOMBAT

YABBA

```
        Z B
      Z C E A          D D P
  T A B M U N N   C U T U R L V
    O U W C D O A L A O K N I A W              Y
        I I A L B L S J C N B T T              A
          C D T E E O S A R A E Y B          B
          O S J Y M T U O K N R R P      Q B
          O G N I D E T Q W N K T Y U I A
      J H T O       I T D O Q A I A O L S
      G O           W A N O R K B R
                    T G P G K Y
                    A A N A K
                    R B L Y
                    O X M A Z
            P O T O R O O H
            Y B A L L A W
```

61 | Bird Watching

AVOCET

CRAKE

CRANE

CURLEW

EGRET

FLAMINGO

GODWIT

GREENSHANK

GULL

HAMMERHEAD

HERON

JACANA

KNOT

LILY-TROTTER

MARABOU

OYSTERCATCHER

PEWIT

PHALAROPE

PLOVER

RAIL

SACRED IBIS

SANDPIPER

SNIPE

STILT

STINT

STORK

WHIMBREL

WILLET

YELLOWLEGS

```
D E Y K Z G M J P K Q T R F Y
Z D C F E H J P A E E O E S E
B Y E P L P A G A C W F H I L
F K I U Y A O M O F A I C B L
I N D B O D M V M N C N T I O
S A T W W B A I O E C R A D W
U H R I U T A R N X R R C E L
W S T O R K E R J G K H R R E
I N E V P H A L A R O P E C G
L E R B M I H W D M V V T A S
L E G W X X T S E C O I S S D
E R E T T O R T Y L I L Y T D
T G S A N D P I P E R R O I V
I Y E K A R C N Q N G U L L E
Q F T D C Y B T E N A R C T K
```

62 | Read All About It

BANNER

BULLETIN

CALL

CAPITAL

CHRONICLE

DAILY

DISPATCH

ENQUIRER

EXAMINER

GAZETTE

GLOBE

HERALD

JOURNAL

LEADER

LEDGER

LIGHT

MAIL

MERCURY

MIRROR

NEWS

PATRIOT

POST

PRESS

REVIEW

SENTINEL

STAR

TIMES

UNION

WEEKLY

WORLD

```
R Z R N P A T R I O T B N M B
E B E X I P M E F M A I O I H
N E R L A T I P A C A L I R N
I T I X V R E O O X P D N R G
M T U A E W Y L L A N R U O J
A E Q N I O W R L E A D E R X
X Z N V Y R L E U U E K M S Q
E A E X O L P Z I C B B J D S
B G G L E D G E R V R L O D V
S E N T I N E L P W E E K L Y
Z D I S P A T C H O R R M A G
F A W V R B S S D A S U N R P
L I G H T G W U T B V T B E K
F L M A I L E S E M I T S H U
S Y C H R O N I C L E C A L L
```

63 | What Did You Say?

AFRIKAANS

ARABIC

ARAMAIC

ARMENIAN

BASQUE

BENGALI

BULGARIAN

CZECH

DANISH

DUTCH

ESPERANTO

FRENCH

GERMAN

GREEK

HINDI

HUNGARIAN

ICELANDIC

ITALIAN

JAPANESE

KOREAN

MANDARIN

NORWEGIAN

POLISH

PROVENÇAL

PUNJABI

TAMIL

UKRAINIAN

URDU

VIETNAMESE

```
N L A C N E V O R P I A L F A
A I G I R O S P A H C N E R F
I D B B T H C E Z C E D A S R
R A Y A N O E S M I L M U L I
A N M R J T H E G A A C O A K
G I A A I N N A I N E M R A
L S V I A A U A C O D T X P A
U H I M G R E P I Z I N E G N
B C R Q A E T A O N C E I I S
H E W N U P W J A L I S R H V
G M N Q A S U R D U I A J O H
T E S G H E L I O M D S R A C
K A U N A I R A G N U H H K T
B W H E L L I O A S K R I B U
N A I L A T I M K E E R G N D
```

64 | Blankety-Blank

To complete the word search, you will have to determine the missing letters in the center of the grid. Once you have revealed those letters, you will discover a quote from satirist Will Durst.

ARC TANGENT	LAUGHTER
CARTWHEEL	LEPRECHAUN
CLOSE AT HAND	MILWAUKEE
DEMI MOORE	MORALITY PLAY
DIRT CLOD	MT. SHASTA
EMOTIONAL	NON-EUCLIDEAN
GAME SHOW	OPEN-AND-SHUT
HALF-SOLE	PINCH-HITTING
HOTELMAN	RACECOURSE
IT'S NO USE	ROADSTER
JEAN GENET	SECOND BANANA
J. R. EWING	SNAIL SHELL
LASER BEAM	SPONGIER

```
S C R O M N W D T N E G N A T C R A
D P I P T R A E H L L A E R U O Y N
G L O E I M N M A V E M E W R I N A
N S H N A E D I L C U E N O N L P N
I N K A G A T M A E R S H C I I D A
W L A N O I           L W N E V B
E L A D U N           L C T R I D
R E T S D A           H C O R E N
J H K H P G           G U A L A O
E S R U O C           A L O M A C
I L F T A N O T E T U R N S T I L E
S I Y R B W H E T R V A F O T M B S
T A M O R A L I T Y P L A Y U A H Y
W N E X N A N I V M A E B R E S A L
E S L D U G P S M H E T L A D R E L
```

THALAMUS

TURN INTO

TURNSTILE

WAY TO GO

WRINKLE

YOU'RE ALL HEART

Hidden quote: _____

_____

65 | S.F. Sts.

Each San Francisco street listed below is hidden in the grid on the next page. Leftover letters will reveal the name of a once-popular TV show.

ASHBURY	HYDE	OAK
BAY	JACKSON	O'FARRELL
BUSH	JONES	POLK
CALIFORNIA	KEARNY	POST
CLAY	LAGUNA	POWELL
EDDY	LARKIN	PRADO
ELLIS	LEAVENWORTH	SANSOME
EMBARCADERO	LOMBARD	STOCKTON
FERN	MARKET	TAYLOR
FILLMORE	MASON	TURK
GEARY	MCALLISTER	VALLEJO
GOLDEN GATE	MISSION	VAN NESS
HAIGHT	MONTGOMERY	VEGA

```
F I L L M O R E T H V E G A H
P R A D O T E D S L A G U N A
C N O S A M S Y T A N I O R K
E A K Y R U B H S A N R G E R
G O L D E N G A T E E S B H U
K O O I T S N O R D S U O Y T
R E P F F I F S A D S A D M N
O F A E K O Y C R H A D N C E
I F V R H T R O W N E V A E L
M C A N N A A N O T K C O T S
A L L R B Y E M I S S I O N E
R A L M R S G C J A C K S O N
K Y E Y R E M O G T N O M Y O
E A J M C A L L I S T E R A J
T P O S T S I L L E W O P B O
```

Leftover letters: _____

_____

66 | A Court Sport

AD IN

AD OUT

BALL BOY

BASELINE

DEUCE

DOUBLE-FAULT

DOWN THE LINE

GRAND SLAM

GRIP

LINE JUDGE

LOVE SET

MATCH POINT

NET CORD

RACKET

RALLY

REFEREE

SEEDING

SERVE

SLICE

SMASH

TENNIS

TIEBREAKER

TOPSPIN

UMPIRE

UNFORCED ERROR

U.S. OPEN

VOLLEY

WIMBLEDON

```
S Y N O B L W I M B L E D O N
Y D L F R A M A L S E N U T I
B E A L T H L U D C I N U S P
A C L B A S E L I N E N R K S
A A I L D R U L B D F O N E P
M L D N O R S E T O R G H E O
P A A I W V O P R U Y N L R T
A R T U N M P C H B O I J I E
G X E C T L E R T L N D E P S
T A K N H D N O E E D E A M E
S T C R E P Z I J F N E A U V
W E A R L I O U G A E S U Q O
E V R F I R D I N U H R E C L
D O L V N G I S N L E T E Y E
R E K A E R B E I T D O V E R
```

67 | 3-D Word Search

This puzzle follows the rules of your typical word search: Every word is hidden in the group of letters on the next page. But, in this version, words wrap up, down, and around the 3 sides of the cube.

AMSTERDAM	HAVEN
BEDFORD	HEBRIDES
BORN	JERSEY
BRUNSWICK	LONDON
CALEDONIA	MEXICO
CASTLE	MOON
COMER	ORLEANS
DEAL	PORT
DELHI	TESTAMENT
EDITION	WAVE
ENGLAND	WORLD
FOUND	YEAR
GUINEA	YORK
HAMPSHIRE	ZEALAND

68 | Add-a-Letter

This is a standard word search with a twist: For each word in the list, you must add one letter to form a new word, which you will then search for in the grid. For example: If the listed word is CARTON, you'd search for CARTOON; if the listed word is OTTER, you might have to search for HOTTER or POTTER.

APPAL	HATE	SAVE
AREA	ISSUE	SIGHT
BATHER	LINED	SOOTHED
BATTER	LUNCH	STEAM
BEAT	MEDIAL	STING
CARTER	MELT	STOP
CROWD	MODES	TOPICAL
EATING	MOTION	UNION
FAIR	PACE	VERSION
FILED	PEAL	VOID
FORD	PUMP	WATCH
GATE	RABBI	
GROW	RAIL	

```
P E A R L S T R E A M E D F P
C U X S C U T R L J J M J X L
M S J Y A S E A G D I O V A U
F S K E E H C R F S R T C S M
A I B D T I O E T D C I B T P
I T O A D W W N J H P O A R X
L M L E L E O A G O G N T I T
E B M H C I H N R D Q I T N R
D K P A S E I T L E M S L G A
H W L R V T S C O W T A E S B
C P E L A E P P A O F S R A B
T V A L G R A T E R M X A U I
A S E F A K I R A C T S Q H T
W W W D E K N I L N O I N U B
S H C N U A L F R E T R A H C
```

69| Going Buggy

APHID

BEDBUG

BEETLE

BLOWFLY

BLUEBOTTLE

BOTFLY

BUTTERFLY

CHIGOE

CHINCH

CICADA

CRICKET

DUST MITE

EARWIG

FIRE ANT

FIREFLY

FLEA

GNAT

GRASSHOPPER

HONEYBEE

HORNET

HORSEFLY

HOUSEFLY

JUNE BUG

KATYDID

LADYBUG

LOCUST

LOUSE

LOVEBUG

MIDGE

MOTH

PRAYING MANTIS

STINKBUG

TERMITE

TICK

```
H M                                                      C X
C F V S                                                 T J H D
N S I E S E                                           W E E V I L
  I H E R B P S A                                  Q L N Q G D G S
  H O P O E R H B Y                              H Y R Y U Y B O F
  C I C A D A O B E J                          Y G O L B T W Q E M
    B Y G B Y N U L O U S E H F E A R W I G
      K R U I E T L U G N A T V K X T T I
        X G N Y T O L E H O O Q C A H N
          N G B E W O A B L O W F L Y
        G F M E R J C S D O R H P P L E
        R G A E F A U C T Y T J O J F L
      E A T N G L C S     I B T T U E T R
      T S J T Y Y K T     U N U L N S E Y
    F I S M I D G E       S K G E R E L D
    L M H P S V R T       E Y B B O B F R
  A E T O I D M X         S J U H V E L D
  W A S P T I Y D         V T G G U R A Y
  O D U P T H K           T E K C I R C
    P D E I P S           Y D S O F R
      V R C A             V N T F
      R K D               V P H
```

TSETSE

WASP

WEEVIL

YELLOW JACKET

70 | Number Search

Every number set listed below is hidden in the grid on the next page. Number sets can be found in a straight line horizontally, vertically, or diagonally. They may read either forward or backward.

002922	11625	6172
003300	119918	663627
0093	1217	8272
023511	1238	8817
029221	135791	882711
09281	1509	8938
09296	156282	90210
10293	18819	9103
1073	2281	9282
11022	48292	93931

```
0 0 2 9 2 2 9 1 0 7 3
9 9 1 8 1 1 8 3 2 0 5
8 6 0 0 2 0 9 0 2 1 0
2 1 2 2 0 6 6 3 6 2 7
7 7 9 8 1 3 5 7 9 1 9
2 2 3 8 8 1 3 1 2 3 8
0 9 9 1 1 1 5 0 9 4 1
8 9 2 7 8 2 1 0 0 8 9
7 2 2 4 6 8 0 0 2 2 9
1 8 8 1 9 8 8 9 2 9 1
8 2 1 5 1 3 0 1 9 2 1
```

71 | Herbs and Spices

ANGELICA	GINGER
ANISE	GROUNDSEL
BASIL	HORSERADISH
BAY LEAF	JUNIPER
CAPERS	LOVAGE
CARAWAY	MACE
CHERVIL	MINT
CHICORY	OREGANO
CHIVE	PAPRIKA
CINNAMON	PEPPER
CLOVES	PIMENTO
COMFREY	PIMPERNEL
CORIANDER	PURSLANE
CUMIN	ROSEMARY
DILL	SAGE
FENNEL	SAVORY
GARLIC	SENNA

```
P A P R I K A O Y S N A T J L
H I M I B E R R R R E P P E P
Q C L A M E A E E Z S H S S P
C A S Y G E P W D G I D O Y A
Z I H A A A N L E N N E F E N
L T N N C W L T L U A I N R G
C O Y N A P A N O S E I G F E
B H D W A I I R V W G Y R M L
A B I M R M G T A B A S C O I
Y L A C U P O T G C S E M C C
L C C C O E E N E P M I N T A
E L H H O R S E R A D I S H X
A O I D C N Y M S G A R L I C
F V V R I E R E P I N U J P L
E E E N A L S R U P N S N X I
Y S O R R E L I V R E H C P R
S A V O R Y R A M E S O R Y E
```

SESAME	TANSY
SORREL	THYME
TABASCO	WATERCRESS

72 | Greek Mythology

ARES	EROS	MINOTAUR
ARGUS	EUTERPE	NARCISSUS
ARTEMIS	GAEA	ORION
ATHENA	HELEN	PANDORA
BELLEROPHON	HELIOS	PERSEUS
CERBERUS	HEPHAESTUS	PLEIADES
CHAOS	HERMES	POSEIDON
CHARON	HESTIA	PRIAM
CHIMERA	IAPETUS	PROMETHEUS
CIRCE	ICARUS	PROTEUS
CLIO	JASON	PSYCHE
CRONUS	LEDA	TERPSICHORE
ELECTRA	MAENADS	THALIA
ERATO	MEDEA	TIRESIAS
EREBUS	MEDUSA	URANIA
ERIS	MELPOMENE	

S Q K M Y S E D A I E L P X E
U N M I U U R A N I A E D E M
S O N N A M M N P A T H E N A
S I O O B M A E N A D S N A T
I R D T H M I R F B N I E M H
C O I A E P R E T U E D M H A
R I E U E O P H N C L I O G L
A N S R N R N C X H E T P R I
N O O U E O O Y A A A L L S A
D S P T E B H S P R O T E U S
B A U J K H U P E O G U M T A
N J S R L T T S O N L U F S I
S E S U E S R E P R S I S E S
O U L P D B X M M I E U W A E
A G A E A E R R R O R L R H R
H I A C H I M E R A R E L P I
C I R C E R O H C I S P R E T
W Q A R T E M I S O I L E H B

73 | Currency

BAHT	KORUNA
BALBOA	KRONE
BOLIVAR	KROON
BOLIVIANO	KWANZA
COLON	LEMPIRA
DALASI	LEONE
DINAR	PESO
DIRHAM	POUND
DOLLAR	QUETZAL
DONG	RAND
ESCUDO	REAL
EURO	RIEL
FLORIN	RIYAL
FORINT	RUBLE
FRANC	RUPEE
GOURDE	SHILLING
GUARANI	ZLOTY

```
      D H S     Q W R
X D O N G T H A B R U B L E S
T P F L O R I N E T P P Q G K
T C R O U A L A Z T E U Q Z A
T O A   R N L     O S E
X L N   D I I     O B I
R O C   E D N     N S L
I N A R A U G T A Z N A W K K
E N O R K Q R L B Z P V B O E
L E M P I R A O Z Z L O T Y S
    O D L     R D L     U P C
    A I L     K I Z     Q N U
    V Z O     V R Y     Y E D
T A A A D D D I A H O A N Z O
K O R U N A A N W A Z O L Q Z
Y I N E L N D H V M E P N L E
    O B W     G L I
```

74 | Beverages

AMBROSIA	GREEN TEA
BEER	HERB TEA
BUTTERMILK	ICED TEA
CAFÉ AU LAIT	JUICE
CHAI	KAVA
CIDER	KEFIR
CLUB SODA	LASSI
COCOA	LATTE
COLA	LEMONADE
CREAM SODA	LIMEADE
DECAF	LIQUEUR
EGG CREAM	MALTED
EGGNOG	MILK SHAKE
ESPRESSO	MOCHA
FLOAT	NECTAR
FRAPPÉ	PUNCH
GINGER ALE	SANKA

```
H A M B R O S I A V A K Z A X
V M M I L K S H A K E B E E R
A A L M E N A S I T M T W N E
D E A K N A S R E H B I H B L
O R L I M E A D E R N V I U A
S C M I L A A Z E E P L S T R
M G N T H D E H Y G L S K T E
A G Z K J O T I Q Z K V E E G
E E E J P S D A K Y C E Y R N
R G P I J B E H M F F T F M I
C G P U G U C C Z F A Z R I G
A N A C N L I D O O V C U L R
F O R E C C R C L C M Q E K E
E G F C V L H F E N O L U D E
A R F R O S W V M N C A Q E N
U E V T I L M L O L H M I T T
L N A K M L A X N G A B L L E
A E R T I S N E A C B T G A A
I U H M S O C I D E R D T M Y
T O N I C W A T E R A T C E N
```

SELTZER	**TURKISH COFFEE**
TISANE	**WHISKEY**
TONIC WATER	**WINE**

75 | Add-a-Letter

This is a standard word search with a twist: For each word in the list, you must add one letter to form a new word, which you will then search for in the grid. For example: If the listed word is CARTON, you'd search for CARTOON; if the listed word is OTTER, you might have to search for HOTTER or POTTER.

ACTOR	CURE	LUNGE
ADDLE	DANGER	PARK
BEAD	DEIGN	PARTY
BORER	DROP	PATENT
BOTHER	ELATE	PATH
CAMP	ERROR	POPLAR
CAPE	FACTION	POSSES
CASH	FAIR	PUSH
CASTER	GRATER	REASON
CAVE	HERO	REVEL
COOK	JUST	RUSE

```
W B R O T H E R B O R D E R E
P O S S E S S F A K I R V O K
L G Z G S P A R K J S A R U O
U D N N M R J D O P E E U S O
N R J I P O P U L A R B C E R
G E E K R U S I N G L I N G C
E T N L R T C E R E L A T E M
X A O A G E S E V A R C N A N
U E I W K N A L H L T K E G O
H W T Y C T A D P C O R I X R
S S C R E N O D N E T S T D E
U P A R T L Y A O S E A A R H
L M R L S C A P E D M W P O G
P O F A C T O R T R E A S O N
R E V E A L C O A S T E R P J
```

SEAT	SOLE	TENON
SEEP	SPOUT	WAKING
SINGING	STEAM	
SLICE	STING	

76 | Typeface

ARIAL	HELVETICA
AVENIR	IMPACT
BEMBO	LUCIDA SANS
EUROSTILE	MYRIAD
FRUTIGER	OPTIMA
FUTURA	ROCKWELL
GARAMOND	TRAJAN
GEORGIA	VERDANA
GOTHAM	WARNOCK

```
Q P V A L H W U M W N L X I G
C Y T V L U C I D A S A N S A
P I N E E C B L J N M L F M R
L B A N W K A A J T A B U E A
Z A J I K J R M E L W E G A M
V S I R C T V S A J Q I W M O
Y T H G O E X F N H T X Q I N
K C O N R A W A R U T U F T D
I A Z D X O M D R T O O Q P A
P M A D H Y E F G N K W G O I
B N P A I H Y G P M D A D B R
A L I A G J B E M B O R K W Y
W V M C C H E L V E T I C A M
E U R O S T I L E Q T A V P P
E J Z C M O K M B X I L G J P
```

77 | States and Capitals

Every word or phrase listed below is an anagram of a U.S. state or state capital. It's your job to find those states and capitals in the grid. First, unscramble the letters to figure out the state or state capital, then search for it in the grid on the next page.

ACTOR'S NAME

AFRICAN OIL

ANY LAB

A PLAIN SON

CLOSER THAN

COAL ODOR

DOMAINS

ENDIVE CROP

FRINGED SLIP

GORY MOMENT

ILL-SHAVEN

I'M ACHING

LAID FOR

MEALS

NERVED

NOAH'S RIDDLE

NOMINATES

NO SCARCITY

POKE AT

POLITER MEN

RAN MADLY

ROVED

SAW NOTHING

SUMO CLUB

```
V F T Y A X D N A L Y R A M Y
I I J J T Y B S M B H S K U T
W W A S H I N G T O N D H N I
D S E O G V C O D A R O L O C
E P E V A N Z E S S X V F H N
K P L L P D I E K I B E A P O
R B Y Q L S I C P A D R M Z S
O O G A L I F R B X L A M A R
Y E T A T B V M O E E T M V A
W N N N Z N F H S L I Y L X C
E D A K E P O T S C F R Q A W
N Y G B K M O T A A G E H G S
U L I S L N A L N M N M D Q U
I Z H I R A I R Z E I O E C B
J L C X Q F Y S C L R G N L M
I S I L O P A N N A P T V R U
O R M R J T E X A S S N E K L
O F N O E C N E D I V O R P O
R I R E I L E P T N O M K N C
A T O S E N N I M C H T M G M
```

TACKIEST ALLY	TORN NET
TAXES	WORN KEY

EXPERT

This is a standard word search with a twist: For each word in the list, you must add one letter to form a new word, which you will then search for in the grid. For example: If the listed word is CARTON, you'd search for CARTOON; if the listed word is OTTER, you might have to search for HOTTER or POTTER.

BAKED	METAL	PUMP
BATHER	NEEDLES	REVEL
CACHES	NEURAL	SPIT
CARTON	OVEREAT	STEROID
COMPARE	PARED	SWAM
CORNER	PARTY	TRICES
DANGER	PETTY	TRUE
DAWN	PITON	UNION
EACH	PONY	VOID
FORD	POTENT	WORD
HELP	PRAISE	
HOLLY	PRIES	

```
A S E R D A P M O C X Y E N I
W D B P I S T O N V P W N W M
H O L N E U T R A L O V O W A
O R A C O R O N E R P N I Y W
L E T A P S S E L D E E N A S
L L H R M F B D O G U O U S Y
Y G E T U J M V N P H L B T R
O N R O L O E E A P X Z T E H
P A E O P R Q R N D D R V R C
B D S N H D T S W T I E X O A
A B I E W L S E H C A O C I E
C H A S Y A O X E L E L V D P
K T R U C E R P L D E K R A P
E S P R I T S D P O R T E N T
D G U P R E T T Y P R I Z E S
```

79 | Let's Dance!

ALLEMANDE

BEGUINE

BOLERO

BUNNY HOP

CANCAN

CHA-CHA

CONGA

FANDANGO

FLAMENCO

FLING

FOX TROT

FRUG

GALOP

GAVOTTE

HOOTCHY-KOOTCHY

HORA

HULA

HUSTLE

LANCERS

LIMBO

LINDY

MALAGUENA

MAMBO

MAZURKA

MINUET

MONKEY

ONE-STEP

PASO DOBLE

POLKA

RIGADOON

RUMBA

SAMBA

SHIMMY

TANGO

```
O C N E M A L F P Y M M I H S
T N O J T Y P A V T A B M U R
E Y O Y W T S O Q N M G Q Z P
L Y B O L O O C H N B D N Q Y
T D S O D H H V M Y O D C O H
S N A O L A J N A C N A C U C
U I B W C E G Y V G T N C Q T
H L G H Q D R I T O F V U P O
E U A K A N H O R A L I M B O
A P L N I A A T T U N A E G K
N E O A C M Y A Y U B G N P Y
E T P M Y E K N O M U A O E H
U S V Q K L R R A I D F I T C
G O S R O L M S N N R L S S T
A W U P N A P E A U I I U E O
L T O R T X O F G E W N T N O
A L L E T N A R A T J G A O H
M A Z U R K A K Z T L A W E I
```

TARANTELLA   **TWO-STEP**

TURKEY TROT   **WALTZ**

TWIST   **WATUSI**

80 | Beginning and Ending

Every word listed below begins and ends with the same letter and is hidden in the grid on the next page.

AFRICA	FLUFF	PARTNERSHIP
AGORA	GOING	RATHER
ALABAMA	HARSH	REPAIR
ALASKA	HEALTH	REPORTER
ANA	HEARTH	RIVETER
ANTENNA	HEATH	ROTATOR
ARIZONA	KIOSK	ROTTER
CHRONIC	LANDFALL	SADNESS
DEMAND	LOCAL	SCAUPS
DESCEND	MAIM	SITARS
DIVIDEND	MAXIMUM	SKUAS
DREAD	NOTION	TARGET
DRIED	NYLON	TENANT
DRONED	OUTDO	THOUGHT

```
W R A O F W O N N I W M L H M
M I A M D F P A N O Z I R A H
D V N T T U L L S T N X R A
N E T D H G U L L C K I O S K
E T E R O E I O F A M U O H A
D E N I U W R C A U F M A N M
I R N A G O R A M P S D T S A
V G A P H N A L A S K A N T B
I D R E T R O P E R R N N A A
D T H R E A T N X G D A H F L
D N E C S E D D E E N T T R A
A Y A O P A R T N E R S H I P
E L L M S I R O T A T O R C S
R O T T E R R H E A T H X A M
D N H D E D C H R O N I C G A
```

THREAT **WINDOW** **XEROX**

WILLOW **WINNOW**

81 | South America

AMAZON

ANDES

ARGENTINA

ASUNCION

BOGOTÁ

BOLIVIA

BRASÍLIA

BRAZIL

BUENOS AIRES

CARACAS

CAYENNE

CHILE

COLOMBIA

ECUADOR

GUYANA

LA PAZ

LIMA

PAMPAS

PARAGUAY

PERU

QUITO

SANTIAGO

SUCRE

URUGUAY

```
      D B M O
      A S U N C I O N R
  V B N L A P A Z B U S S
  S M O D X N I Y Q O A A U M J
  F C Z G O V I U E C L M P C G U
  F S A S O U I T A N I I O M R R
    G M T E T S R N A N L V U A E
    C A R O D A U C E O E G I W P
    E L I H C N F S M G U B A A
        V W P T A B D A R H R
        T B F I I I Y A I A
        G U Y A N A S F G L
          E C G O I U U I
          N B O L S A
          O R I X Y
          S A D V
        J A Z B
        H I I
        U R L
          E N
          S
          E
```

82 | Number Search

Every number set listed below is hidden in the grid on the next page. Number sets can be found in a straight line horizontally, vertically, or diagonally. They may read either forward or backward.

01902	23091	40004	64646
03241	25543	42510	65009
04440	26718	48480	66789
05050	28901	49012	67612
06789	30003	52901	68886
08909	31902	53535	69090
09910	32323	54098	71023
12345	33410	55431	72237
13928	35426	57821	73344
16161	36718	59012	74510
17280	37700	61010	75676
20192	38716	62312	77111
21092	39901	63333	80076

```
2 2 5 6 7 3 2 2 7 9 8 1 7 6 3
0 6 1 8 9 8 1 2 0 9 8 1 7 6 2
1 0 9 8 2 7 9 0 8 1 2 1 0 9 5
9 5 7 8 2 1 5 6 2 1 6 7 6 1 2
8 6 4 6 4 6 3 9 7 5 6 7 6 6 9
0 7 1 0 2 3 4 4 1 2 3 0 9 1 0
8 8 3 0 5 0 5 0 5 3 0 5 2 6 1
2 9 9 9 1 1 4 1 4 5 8 9 3 1 1
9 1 3 0 0 0 3 4 8 4 8 0 1 5 8
0 8 3 4 9 6 2 3 1 2 4 0 9 3 7
1 0 9 9 3 9 1 5 1 6 8 0 0 7 6
2 9 1 0 2 4 5 4 5 4 6 7 0 3 5
0 0 0 1 4 8 6 7 1 0 2 7 3 0 4
2 9 8 2 5 5 4 3 2 3 2 3 8 0 4
4 6 5 8 3 4 1 0 1 4 3 3 0 9 8
```

81209	87654	92319	96720
83410	89102	93434	98765
85855	91085	94010	99911
86710			

83 | Blankety-Blank

To complete the word search, you will have to determine the missing letters in the center of the grid. Once you have revealed those letters, you will discover a quote from Indira Gandhi.

AIR CANADA	FORMULA
AT ONE TIME	GARROWAY
ATROPHY	HIGH-HAT
BELLY BUTTONS	KEYHOLE
CAPE MAY	LOUDMOUTH
CHARLIE'S ANGELS	MARINE INSURANCE
CHESS CLUB	MIDLIFE
DANIEL STERN	MONOCHROME
DAYCARE	MONTREAL
DOMESTICATED	NINA FOCH
DON'T TREAD ON ME	ONEONTA
EL CAPITAN	PILLBOX HAT
ENCHILADAS	RESOLED
FLEETWOOD MAC	SALMON ROE

```
R E M N O L D M L K Y G C A R W I N
S F M P I L L B O X H A T N O E N O
E I V I T N A L U N P I W M B L G D
U L M S T H A G D E O R N O M L A S
W D O A L E T F M Y R C D E R G N S
E I B H R G N A O R T A H N I R D L
L M S T Y I             W R D O A E
E G N E H E             Z E O O M G
N O O O P C             T T U M T N
M L T Y D G             E S N E E A
N A T I P A             I L A D A S
D O U R S F             G E O R G E
T A B E I N P R T O D U P I T S R I
W L Y E A O T S T P R G R N H F E L
B U L C S S E H C T O M S A W Y E R
S D L T A M R B G S N E U D N R N A
S Y E S O R S H L E T O D L O C P H
E R B D F L E E T W O O D M A C E C
```

SCEPTERS   **WANTED POSTER**

ST. GEORGE   **W. C. FIELDS**

STONEHENGE   **WELL-GROOMED**

TOM SAWYER   **WEST POINT**

Hidden quote: _____

_____

ANGEL'S TIP

APPLETINI

BAHAMA
 BREEZE

BELLINI

BINGO

BRANDY
 ALEXANDER

COSMO

CREAMSICLE

DAIQUIRI

DIVA

GIBSON

GIMLET

GIN FIZZ

HOT TODDY

KAHLÚA

KIR

LADY L

MAI TAI

MANHATTAN

MARGARITA

MIMOSA

MINT JULEP

MOJITO

MUDSLIDE

OZONE

PIÑA COLADA

ROB ROY

RUM PUNCH

SANGRIA

SERENA

SIDECAR

SPOOGE

TANGA

TOM COLLINS

TURBO

VIXEN

WINE

YELLOWBIRD

ZOMBIE

```
S D Y E Z E E R B A M A H A B
W P B L L O O H C N U P M U R
M I O I S B M B E L L I N I A
U T Z O R E Q B I N G O H N N
D S B O G D R K I R V Z K I D
S L Y P N E B E Z E K O A T Y
L E P E L U J T N I M N H E A
I G H Y Y D A I Z A Z E L L L
D N D C D J W R L Z E L U P E
E A A T G D O T I J O M A P X
L D I T S F O F W W X Y Z A A
C A Q E A N N T B H G D V R N
I L U L N I I I T R T I N A D
S O I M G V R L N O X M T C E
M C R I R D Z A L E H T A E R
A A I G I B S O N O A N N D M
E N I V A A M I T H C O G I A
R I A T U R B O N B Q M A S R
C P U L A K H A C O S M O I G
A A S O M I M A R G A R I T A
```

85 | Con- Words

CONCEDE	CONSOLE
CONCEPT	CONSTITUTE
CONCERT	CONSTRAINT
CONCISE	CONSULT
CONCRETE	CONSUME
CONCUR	CONTACT
CONDONE	CONTENT
CONFORM	CONTEST
CONFRONT	CONTINUAL
CONFUSION	CONTOUR
CONNECT	CONTRACT
CONSENT	CONTROL
CONSIDERATE	CONVERT
CONSISTENCY	CONVEY

```
C O N S T I T U T E X S J B V
S O Z Q E S C B T C A T N O C
V C N V E T M O R U C N O C Y
C Y E T T R A E N O D N O C Y
N O N C O N T R A C T M N E E
B O N F X U E M E C I E I C V
C C N F S M R S O D T S O B N
C O N S U L T N N S I N E C O
C N N S F S S R I O N S O G C
O S N F V T I S E E C N N N O
N O L O R T N O C V C M T O N
C L E A P O R T N R N K A P C
E E I L C O N C E R T O B G E
P N L A U N I T N O C O C O D
T M F R I T E C O N T E N T E
```

Answers

1 | Olympic Sports

2 | Welcome to Tinseltown

Leftover letters spell:
Grauman's Chinese Theatre is a famous Tinseltown landmark on Hollywood Boulevard.

3 | Silent Letters

4 | They Come in Threes

5 | Lakes

```
S E C Z F O M N K Q H B E
B U Z E C H A M P L A I N
B C P K F G Y H J W D O O
M B S E I R E D P E R H T
R H L H R S J O E U B I S
O O C T S I S B H T R B W
J I A A X G O I R A T N O
M E C W Y H H R M Y T N L
E V E E C U S V W M E F L
G U N E F V G U C I E U E
Q R E T A R C A D X T E Y
P K S I D W C A R N B A O
O G A B E N N I W D P A O
```

6 | Woody Allen Movies

```
C L E P S H A R I C M P L I T
S K R O W R E V E T A H W S N
E D B O E Z O L L P I M E X I
Z J F C L U E I F F E P Y D O
A E I S E B P A R S T E H G P
K L L O R A N N I E H A L L H
A N V I L L B E M I T H W Y K
R A T O G I A B A N A N A S T
T Y L E C T E U Q D O C I W A
E T I D O R H P A Y T H G I M
```

7 | South America

```
W V F X Z Y Z W G X D E
P A R A G U A Y L S V M
E R E O I U J U B J E A
W G N I D B Y S G Y N N
U E C P Y A M A L U B I
I N H P E R U O N O R R
N T D T B C O C L A S U
A A I U W T K H I E O U
D N I E O I V P X Y C Q
L A A B L I Z A R B F U
Y I N E A C F A K U C K
X G A L E U Z E N E V Z
```

8 | Country Matters

```
F C M D E S G T M G C H Y
A F R D D X E O Q B G N N
J K O M E L E T U J O E N
J F U D T X P N T L P W T
M P L R N C A R O E A T H
E W E I A S H B E R S A A
A T H E L T E E B E L H T
T F T P O Y R S B S W K P
B F E M N Y K E A T H L
A L C H E C K E R S C C L
L E H S T T H C G Q O O E
L G F O S C H A N N E L N
S W O D N I W D C S D N U
```

9 | The Boss

```
P K M C C L N M R N D K R M
T K J O A J D E V E E O T Q
G E A F G P C A S L R E X G
L C A U O I T E D E G M U N
H N I C F R E A P X O M R Q
R D W F H H E M I K V F E L
E O O A C E E M L N E I R E
V C Y G H R H R M A N R I L
B L I A L D I O R N N R O I
F B H Q M P E M I C O E R M
B O U N C E R N M H R H T E
Q L E N O L O C D I V S N R
E M P L O Y E R A E R L O P
K C K G N I K G X F K V C K
```

10 | Famous Brothers

```
T S L L I H N M Y R L S
Y L R E V E G J W R K U
T N I W D L A B T Z H O
L R X S M O T H E R S E
B Z I X T N L Q M S D T
B L V X O A I Q T M U H
N D U S G M N A J G M G
C S N E Z L T S I T A I
C A A K S L I R M N X G
H L C N E A W N Q X X J
T F F R O K C H G B T K
A M E S X J B Y Z N Z H
```

11 | Always a Cross Word

```
D Z B I G H O N C M X E V U J D G
S A R A L W O T E J R Z P L Q I N O
R O D T D R P L K N E Z T Q B I M K
N M V R T V T Z     R R D S R U S P
X X I H V I Z U     T E U A K X O K
E N E C C A B R     A K H S R P G D
Q R N J G V E V     G C X T A F U B
N Y F N M D Q L     I E J C U L F V
M W V                       O E H
V A H                       M S M
E F L W Z R G Y     R H E F J W B Y
Z B A T S U L W     R E B I E O M D
I L G M E O B R     E U P R H H P G
K T B Y H S L R     B C D X E A K N
M E F F B A E O     V N P C P B I I
S S E U X W J O V H A V A M T L Q
E F P R Y Y W U U T G E L E A B A S
J Q W V G G M S Q G B Y L R D I D
```

12 | Arcade Classics

```
S Z S P S U P E R M A R I O C X Z
C T G G N O K Y E K N O D J U O M
K D T S E J O T V R X I G P C A V
B T S R P V Z A E H T F P O Z K P
G U T S U A D J C T D E Y X D C A
O O E O E C C M L U R D E E D S Z
O K C J S N B E C L T I D E T Q Y
S A M S G G D K I D A E S E K T O
T E O F A T H A R N Y P E R G R B
W R B I E U Z E M I V O T E I P R
Y B O J N X G E T E U A X J A E
Q J W T I J G M N L Q L O D L P X P
G G L E O O E M S D M B J E O Q A
N C X R K C T R J B A P R D R Y P
O G F B H M H O F B F Q A A J S J
P W G B N A M C A P X L Y O M T T
A Y K N H D I O R T E M N S W K G
```

13 | Original Colonies

Bonus: New Hampshire

```
M A S S A C H U S E T T S
P Q T U C I T C E N N O C
S N E W J E R S E Y U N E
S M A R Y L A N D T K V N
J B F I A V U U H U V C M
F L H S G W K C F X I A F
A N I L O R A C H T R O N
L O S E O R O L G Z G A Q
E B N Y O M M E E R I P S
X C W L U J Z I G D N N X
Q E I E R O W L R T I D G
N N R H O D E I S L A N D
A I N A V L Y S N N E P S
```

14 | Excellent!

```
A T T H G I S F O T U O S
U C T R S H A I M A D E U
K P E T E M I V W N N M O
G A R S A L A E R S A I D
T N X Z U F S S A W E L N
B I D G O R T H U J B U P
E O N F L M O I A L I T U
G I I E Z O C R M E N S U
A F C X N Z I D O A W G T
R T X U F A N T A B U L O U S
B Y L O Y N D D Q E G N J
E L B I D E R C N I T Z E
V A D Y L N E V A E H E S
```

15 | The Baseball Diamond

Leftover letters spell: "There's no crying in baseball!" —Tom Hanks

16 | Matters of the Heart

17 | Famous "Ands"

18 | Food for Thought

19 | Folksinger and Activist

Leftover letters spell: Joan Baez has been performing for nearly fifty years.

20 | The Bahamas

Leftover letters spell: The Bahamas include two thousand cays and seven hundred islands.

21 | 3-D Word Search

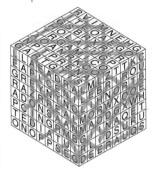

22 | Shrouded Summary

Deformed bell-ringer saves mesmerizing gypsy girl from corrupt fifteenth century vicar. "The Hunchback of Notre-Dame" by Victor Hugo

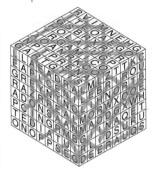

23 | Roman Rulers

```
H S W A E V N V P O Q B Z W Q
N F A C O A V P S R T G N N D
E F K R I N C L K U H W A I K
S A L L A C A R A C T I H C N
U Q U W O B C I S I R I O A I
R J N A A N R A R E C N T L T
I Z A U Z A X W L D S N C U T
B T I G L J F A U T A G L G E
I A A S Q R I N T P S S U L C
T C P T X T T I T Z T B D A I
Y I S U G I M V A N B G I C L
W T E S N O U W E C R Y U H D
Z U V E D Y T R J E B S S H R
F S C I H Q O N A I L E R U A
```

24 | _____ City

```
D O D G E Q K R O Y W E N G D
Q I Y G L U X E M B O U R G R
H G P U W R D B N A M A N A P
O K L A H O M A T N S E S G S
C A I T R E D W O O D N I N R
I L W M K T R A A G A O S S T
M A A E A Z G L N T C A R T
I N C L C X N J O T L I P E Y
N T X A B E Z P J L T K F A D
H I R N R E C Z E C A A F D
X C E B E U Q F O R N V S E V
Y N X P Q J M N O S N H O J Q
T R A V E R S E A E U C X K
L B K X U O I S T Y V W L G Y
```

25 | Acting Icon

Leftover letters spell:
Nicholson has been
nominated for an Oscar in
five different decades.

```
N F I V E E A S Y P I E C E S
I C H I N A T O W N C H O L T
D L S O T H E W I L D R I D E
E S I C U C K O O S N E S T I
W S N A E A S Y R I D E R R I
N C T N E M D O O G W E F A S
O L R O N O H S I Z Z I R P
R O T C E L L O C T R A E E D
I W E D V F O R A N G F K D O
O N S C A A R I N T L F O E O
M C M U R P H Y I O F O J H G
I V E D E I F M W F E H E T H
R E N T H D E L D N A R H E A
C A A R T T A L E N T D T E S
```

26 | Moons of Jupiter

```
X T H Y O N E K I L E H
C A R P O T S I M E H T
E E T S A C O I W T T D
E K I D I X A R P Y N C
O E N A E T S A R D A E
N R M A A D E L C E U D
I X T R N E P M H R E E
X V A H A A T T O L M M
L L A N O C I P I E H Y
E A H P I S A P N A K N
H E Y D Y H I M A L I A
T B J L H T H E B E P G
```

27 | Horse Breeds

```
U C Z I R J Y G A R A B I A N
I S F Y I K K O N E C I L A G
F A A X R P C D A L I B O Z J
R I E V A S W F L H W O K T A Y
E R O C H U T N E T J L I E Z
S N E K D F L I E J A N R R U
I O H N R F B R G N I M N I P
A G X E A R B M D S H A F H S O
N W M Y U Z K K S Y W N G S O
I J L C G U Z Y Y K B Z R A L
Z A K N H A B I I S E O O T Z
H E K L T A R N P N P A M P A
R X X O K C A S T I L I A N N
A S O O L A P P A K L R D E O
```

28 | Shrouded Summary

Upright southern lawyer displays integrity during racially charged trial—sadly, prejudice prevails. "To Kill a Mockingbird" by Harper Lee

```
S O U T H E R N R D O Y I C A
R I P D C R P E C X R W O G J
J U R C R D Z S Y A L P S I D
K D I S Z Q P T M W X W Z U H
A V G N I O I E N J A M B B G
E Y H O P R W A D U E K C L
Q P T M G N V E U U J E Z L O
W O F E Y N G W Y U V P M C K
G L P T R I A L V U R M N N
N N J G A E C I D U J E R P P
I B D H W A O U A X Z V J C U
R A C I A L L Y S N Y A G A N
U X B Y S W E W I I Q I Z W V
D D B U L I O R C W T L Z D V
T S S U Y U F V A K Y S E F E
```

29 | B to B

```
U W P B M U R C D A E R B R K
B M A X U H B U Z Z B O M B X
O L N N T B E E L Z E B U B J
J M U S S M E X A Y S T N Y V
F B H R B O K A J R H G E W I
C B O T B L R N C T C S B B D
K A R J Z D O J A H L U A O H
O R O B B O Z O B D C L B Z P
O C F U I A K Q M O O O X W C
B E T L O H B G L I L X M T Y
K U L B I C A R B A P H B L
Q L A T Z S B P F B S C B D L
C B B D D U L C H B J A I H O
Z S T H E A U B U L C K O O B
A S K Z K B A R R Y G I B B T
```

30 | Where to Go on a Date

```
V G C D I S C O T H E Q U E F
R U A Q U A R I U M Z T I Y S
G N I D A E R Y R T E O P E U
N J B S S F D I T C K I O U E
I Q N E D I R Y A H U Z V V J
D A C A N O E I N G E S L O R
I D A N C I N G D Y W A W S M
R P E K S B K O J D Y G T L U
K R K A P A N I K L A W C I I
C O M E D Y C L U B I R T D R
A M W O X Q T T E L C T C D A
B I C Y C L E D E G S I T E
E D I R Y O J E A U S A Q N I
S O M T E F A C Q P K L J G N
R L U E C A R N I V A L L C A
O P E R A I A O D U T E Y K L
H J S A B B C C T H I R B P P
W M U B Z N K D V R N Y H M T
L N M A B U L C T H G I N Q W
M X J C A R R I A G E R I D E
```

31 | Add-a-Letter

```
O S R O B E S A W C F W D
U T E A R C A R O B U E G
H R V M O A P T R H X I X
R N E U I D E K C A R V Z
E I R D L G V T F U H E W
B A S S E T A L P M Q R O
M H E B R P A T E N K P T
H A B R O O M R R B Q Z L
H E A V I E S A A I E H E
C A N O E Z H T R K A R B
F G V F F U R R Y C D L G
S Y V G H A R E M A T B B
C O D H O G E E T A L A P
```

32 | Puck-Handling

```
G I B L O C K I N G X D E K E
Y X A K C E H C P I H L G S L
H O K U K O Q A E A F S J C D
G M K T O F R D T H V C U O O
I O O K B T I T N V C R R R O
Z O I J E S R R E D N E B E D
U N S H F I O Y T L B E K S Y
G S T F C U S O W O F H V N A
Z H O K G N H S U H E E Z A P
L O S H G S Z N A W E D L T D
N T I H P N D X H P S X E A O
C N J A I Z I U C K P H E A E
G G N I K C E H C S S O R C G
F S A Y E H S O C T R K N P
B D S A U C E R P A S S O D
B R E A K A W A Y E L R B V C
G M G J H H A N D P A S S N I
```

33 | It's a Piece of Cake!

Leftover letters spell: My doctor told us to eat more vegetables, so let's bake a carrot cake!

```
E M Y D M O C T O H R U T
O E L D D A U S O T P O E
B A F T O C R E P S T G M
O I A H O F B I A N R E
Y O R E O U F D L I T E V
E N E T N C E S D E G T G
F S N N H D N D L N R E Y
E E E H O D E A O I T U A
S L E W O W A P P T V B M
L H N B E J S Y I L D S S
S E O O C H L U A N E T D
S B C R S A R Y U T T K E
A C A I T F E O A R O E R
O B F T R R P C A K E H A
```

34 | Spain

Leftover letters spell: Spain is the second largest country in Western Europe after France.

```
S P F L A M E N C O A I N N I
H S T B N H E S E L P R A D O
I B R U T I E S O J L E V C O
S E E L O S L D E N A A A D L
P A V L N A G N T V C N R A R
A N I B E A O E I O G E P S
N S R I O E E L X I L L E P S
I E O G B L C S I A O E L A T
A T R H A L O I J Q O R E L A
O N B T N A S Y Q Q O R U L N
I A E T D Y S R N U M A R L Y
R V L I E O A A O E I B N A W
D R E I R G C N D Z N S T E R
A E N E A U I A R O G P E A F
M C T E S R P C F R O A N C E
```

35 | An Archetypal Director

Leftover letters spell: "Life" magazine named him the most influential person of his generation.

36 | Shrouded Summary

Sharks consume entire prize after Cuban fisherman's arduous battle against gigantic marlin. "The Old Man and the Sea" by Ernest Hemingway

37 | 3-D Word Search

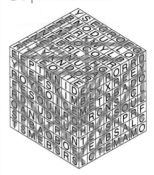

38 | Flying High

Leftover letters spell: "Look up in the sky! It's a bird . . . it's a plane . . . it's Superman!"

39 | Those Violet Eyes!

Leftover letters spell: She once auctioned off one of her famous diamonds to fund a hospital in Botswana.

```
N N O S K C A J L E A H C I M R
R O A M I C K E Y R O O N E Y O
O T R E H S I F E I D D E O S L
B R T H E O N C S P I V E H T N
N U A V E L V E T B R O W N E A
O B P A S S I O N L A U A A C T
D D O T L E A H C I M I S V J H
N R E T I O N E D Z G E O I A E
O A L A S S I E C O M E H O M E
L H C F F O N E O U F H E R E B
F C B U T T E R F I E L D 8 S A
A I E C I L A R E K O P M O D Z
U R S J A N E E Y R E D I A E L
M O N D S P T O F U N D A H A U
O T E V L E V L A N O I T A N E
S P I T A L I N B O T S W A N A
```

40 | Add-a-Letter

```
Q D Y I M N L S T A U N C H E
V R L F X O B H I B D E G D I
T O E Z S R U O L F V U E F D
H H R B N O A R A A O T C L D
O C U X A B F E R R A E U A
R N S O P T G C H U D N N R P
N R E S P E C T A R P E A R L
F O Y G E I H H E C H G R Y
S W I U D G N T S I S E A M D
S M Q T X I Q H E S O S U A V E
P C A E O G R E D W O P N Z V
R I R T U M H E E L E S A E W
O F T A T S E D O M G A A X K
M B L H P E C A N N O N T E A
O S B E Y E R S H A L L O W I
```

41 | Elements

Bonus: 85 of the 118 elements end in the letters U-M.

```
I N O T P Y R K K X S A W D C
R O D V V S E W T L A B O C H
L B D N E N I C K E L W N L L
D R D I I S U L P H U R A M H
I A L M N C U W I Z N C R D I
H C O A O E R R H C I N A R I
D R G E E B O R O N O N M M B
B A N O N E X P E H T N C E E
I D E T M I P S Y I P A T L G
S O G L R E D M E G S R T Y T
M N O G R A R O N K G E O Y X
U O R X I O N C U N V W Q H O
T R T A G Y J K U L N P N W P
H I I E K B E T I R F A H K U
M A N G A N E S E A Y T O S D
```

42 | National Toy Hall of Fame

```
S C R A B B L E N T A S S I M
K G E S R E K C E H C K B O Y
C R O I N A T I M O C A P O L
O D S L I N K Y P A R T B L G
L T E L N I D O J B R E T I N
B I C Y C L E N I S M B J O R
T N A P B K O E A A N O L N E
B E C T H B G O N D Y R E L S
A R E T S A M W E I V D O T S
H T L Y P L A T H A L D N R T
P O O H A L U H S E Y O C A I
L Y M M E F R I S B E E T I C
A R A G G E D Y A N N L A N K
N E V E O K A B Y S A E D S O
```

43 | Get a Move On

```
T O D D L E O T P I T H I L Z
K P A C E C N U O L F P J J J
K R J S C U T T L E Y J Y N
G A T Z M Y R R R N A H H J
H N W R E T N U A S W B N U
E C W P O N E M G I W S B N U
E E B F M T B Y K V P A B E Y
B S H S T U R T S H S L Y N
C L W H C J T P L O D E K A
H C R A M C R R E B I S K I P
D S T M G O Y E D S O E G O A
Z E R B L G L C I M M U Z I E
A W C L A V E A R D A E N Q L
A V J E G D U R T I W V K D M
C L C B Q V V S S H U F F L E
```

45 | Nautical Terms

```
          T W A U
    Q K Y T A O B E F I L C D J
  H B Q C A L M   R E S R U P C
  Y V A V X E W A   E L A W N U G W
E G D I R B D D G Y D R O L I A S N F S
R D T         P N R B       R B M
            V O A V
            U Y O G
        B       A E B P       Y
      A A R     A L R F     T W Q
    B N R Q L   M L A I I   D I S C D
  P Q C N Z P G   I A T R   B U L W A R K
  Z P H A     B G S S   V B V M
  Y Y O C S       P O R T     I M I X A
B K R L H L     A T D M   T A D N G I
O K E R M O O R E T A T S E L E E K
  T C R O W S N E S T E B O S U N
    S T E E R A G E A H O
    T D R A W E T S
        L C T V
```

44 | Japan

Leftover letters spell: Japan is a country of more than 3,000 islands.

```
G T O Y O T A J K I M O N O A
I A R U M A S G E I S H A O C
N T I A P Y T T J K O L L E H
Z A M T A N A H O N D A I S E
A M A E A R S G U K I A H O R
O I G G A U U N N N I N J A R
E T I K S R Y O N A P A J I Y
F K R M O R E T H A M N J B
T R O C K G A R D E N E H N E
S T R A L A I T R A M K R A O
T E E T R C H O P S T I C K S
H O O T E A C E R E M O N Y S
U S K K H O K K A I D O M A O
A N A Y D I S L A N F U G U M
D S S H O N S H U K U P P E S
```

46 | Fire and Ice

```
O D C N V O Q P K N O L O X C M D
K D D O G E J K H Z H T R A E H H
P W O B M O E I A L E A D B R W A
M B G R E B E C I E K R Q S I P C
H A P E Q O U P L Q A T K K F Q O
N C V C B C R Y S T A L R E V N K
W J Y M T Q P I T L F E T S O R F
G Y W E L C I C I C N U M B Y A
X W E M H G L H C O B S D P X K
A N O I T A R G A L F N O C S D B
H U M N G H L E A U R E C Y I L
K Y A Y S A H F C P E V O O Y A I
D C F B C H A L U A L R Q Z S M S
R X C H I L L E D B O C X C I E O P
J S E A D A P T E H F L A R E N C
U R M C R Z T M G Q Z Y Z Y D K
Y E F R O N R E F N I P S F R N O
```

47 | Blankety-Blank

Missing letters spell: "He who throws mud loses ground."

48 | 3-D Word Search

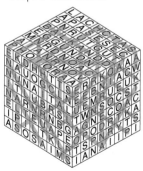

49 | Language of Love

50 | Switzerland

Leftover letters spell: Switzerland is one of the richest countries in the world with very high quality of life.

SWITZMATTERHORN
EARLANDYIVIUOSE
OLNEOFOTEHAGJEU
RPIBCDHLGREUEIT
EHSTECCLFRRZDRR
OOULNRAGFAUIEYA
TRIROCNEMREILFL
ENSIIUDOIHNTTSI
GNHEJEUCNISHSAT
EWRCRNHONNRKEAT
LSDETAVENEGWNNB
ITRACAVENEGEKAL
VERYWOHIGHSHHSB
QNUALIHSTYOEFOL
GSLLAFRETAWLIFJE

51 | Hockey All-Time Scorers

```
B O U R Q U E V E N N A L E S
P N W L R E S P O S I T O X B
Q A T I K M Z E O L L U H S
Z D B U C Y K U H C R E W A H
E O G N E L L I A T I B O R A
Z M A F R W H R R M S K J O A
M R F K U H C Y E R D N A Z A
F O Y S O N C L I B R T G S H
C L S W M T N G T Q E L R A A
L V E L L D I Q T S C A E V N
M E S S I E R R O X C F N A I
Z K Q O G S V R N M A X I R T
D D N O E G R U T U I E R D N
S N A M R E Z Y T L K U A S U
E G O S Q K Y K Z T E R G N S
```

52 | Life Stories

Leftover letters spell: Other biopics include "Coal Miner's Daughter," "Borstal Boy," "Finding Neverland," "My Left Foot," "Seabiscuit," and "Tom & Viv."

```
P O T H E R B I O P I C S I N C L
E J U D E W Y A T T E A R P C L P
T H E B A B E O A Z L M I N E R
E P S S D M A C A R T H U R A T L
R M A A U U G L H T E R B F O T L
T R D T S S B F U N N Y G I R L A
H B A N T W O N E F I S H E R E T
E R T M A O N F Y A L G B I O R G
G I Y F A S N I N A M U R T N I N
R A D I G D I N N A R B G T N C J
E N E V E E E V E R Z T L O A H K
A S N D R M & U L Y L A A G D A L
T S E F O T C F S E O O R N T R A
N O X I N S L E A B I S A E I D W
C N U I I G Y P S Y T G A N T S D
T G O S M A D A N H O J M & V H I
R E K R O W E L C A R I M E H T V
```

53 | & So Forth

```
W F B T Q A B O Z O A O T N T F
R I S P R O S E C F G A & S Z Z
P O K E P U V W R E S E G C V K
S L I I S I M I & M & N I K O L
D E & & A N C & A A I E V & Q N
D E J W I & E N O S M E P M S D
B M S T A T I F S C G B A T E F
P V E I R & S & E E T E H K R R
G A S & E E R I T & R R Y C U S
D Y G V & S A R A M & K I R T T
H R I & I S R E C H V O & N F J
P L E S E I X I & K C R T & E N
F C S Y & I R A C Y Y U A N G T
M U B I Z E T I N B B N Y M A G
R J E T M S D Y G C C I G C X M
Y T H A R U T C K E E Z L D D G
```

54 | Science Class

```
O R G A N I C C O M P O U N D
T V J A Q S D I U L F A M C G
L L O E A C E N Z Y M E B H E
A A E L R C R O O C W F U E L
S O L I D U E D R B T X S L N
A O T V V E Y H S F X A I S
Y F L N T R S X Y L E C I T S
P M L U E T E L I D G I L E
K L L S A M A M I M E T A L R
R O A L E T E C O V & R T T R
S H F C A A O L S S B A L N C
P O D C W L N M E U I L A C I
E C R O F N O I S R E P S I D
Q L I Q U I D T O C M B A S E
E A G N O R T U E N Q Q A E X
```

55 | Blankety-Blank

Missing letters spell: "If you shoot a mime, should you use a silencer?"

```
O O Z X N O R B E H T H A Y N E W N
C R U M B O N D L O A G W T N H O S
D R A M A T I Z A T I O N I T O P E
A Z G T Y U A T C S I M H R T N T A
S L U D O J N H A Y H S T A M I N A
P O R R E R E D H T N I X K H T L Y T
O B J E C T F Y O U S F C E O B S
K C O M M A H O O T A M O T M U L P
I G I A W M I M E S H O R E L I N E
N A N N C S U L D Y O U L E Z E V E
G W V I A H U S E A S I R W P D S W
F L A G P O L E N C E R S S U E E S
U S L R S E G N A A P O N R D P R X
N T U S D T E N E D I O V O E A E M
T C B D I E E N E R E N N U R M U R
P A L C H E W U D E A K I U A R R
R E E N I G N E O I B T R O T P G A
```

56 | Add-a-Letter

```
V I O L E N T S H E L V E S F
S C H O P P E R T I C A T W L
R L G L I S T E N L R P D E A
P P O S U P O S T E R A E R T M
X G A P E V O J G X U L P T E
M O M Q P L F N V C C A R S Q
Z A E C V E I G P I T C I S G
C G C E P F D M T T F E V T L
S Z N O H O A R S E R L L T I
O T U I T B A W T D O J L R O
L N O X L P O A U Z U S C D D
D I P M P R E U S E T T O S
I L G E R R A N O V E L E T E
E B D U C A W D M D F R A I L
R Y B R A N C H E V V A L V E
```

57 | Trees

```
R O S E W O O D H W A L N U T
E L M Y G S Y C E D J K W Q P
C E F K C R R W A C A C I A S
A D N A R A C A J O H C E E B
D T X E L Y M A H O G A N Y N
E O H T P D Q O H I C K O R Y
K C O R P W J A R E D W O O D
A E E W I G U M S E M Y N U F
H S B L N B J B E P L L W E Y
S C L O E O V Y C Y E Y O R X
C O R A N I R E U Z R N T C A
W E C I B Y L I R H U N Q S K
C Z D G B P P O P L A R H H D
Y U Y A A R I F S A L G U O D
V W F M R S A N D A L W O O D
```

58 | A Role for Everyone

```
W P J A O F F I C I A L R C R
A Z G H J J C O R O N E R E J
R E G A N A M R I A H C P D E
L B X Y P M G R M T G R E M C
O T F X I F E S A D E S P O T
R P N S D K S F D S I E U R A
D H S A A E Y G E G R N E F R
K A V M R T R N N O C A Y V C
R R W G I Y T A R I S T Z I O
E A N C T A T E L U K O L C T
L O F U T E H W R A Q R R E U
C H P I G G O E G U G O O R N
M E V T R M R Y E C Y E G O S
D E C U A N S E Z A T I N Y G
S O B N Z B N A M G N O R T S
```

59 | Let's Go to the Opera!

Leftover letters spell: "Anything that is too stupid to be spoken is sung."

60 | Australian Animals

61 | Bird Watching

62 | Read All About It

63 | What Did You Say?

64 | Blankety-Blank

Missing letters spell: "To me, the outdoors is where the car is."

65 | S.F. Sts.

Leftover letters spell: "The Streets of San Francisco"

66 | A Court Sport

67 | 3-D Word Search

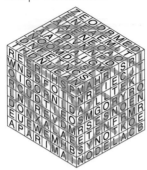

69 | Going Buggy

68 | Add-a-Letter

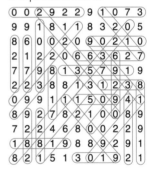

70 | Number Search

71 | Herbs and Spices

```
P A P R I K A O Y S N A T J L
H I M I B E R R E P P E P E P
Q C L A M E A E E Z S H S S P
C A S Y G E P W D G I D O Y A
Z I H A A A N L E N N E F E N
L T N N C W L T L U A I N R G
C O Y N A P A N O S E I G F E
B H D W A I I R V W G Y R M L
A B I M R M G T A G B A S C O
Y L A C U P O T G C S E M C C
L C C C O E E N E P M I N T A
E L H H O R S E R A D I S H N
A O I D C N Y M S G A R L I C
F V V R I E R E P I N U J P L
E E N A I S R U P S N X I S
Y S O R R E L I V R E H C P R
S A V O R Y R A M E S O R Y E
```

72 | Greek Mythology

```
S Q K M Y S E D A I E L P X E
U N M I U U R A N A E D E M
S O N N A M M N P A T H E N A
S I O O B M A E N A D S N A T
I R D T H M I R F B N U E M H
C O I A E P R E T U E D M H A
A N S R N R N C X H E T P S I
N O O U E O O Y A A A L L S A
O S P T E B H S P R O T E U S
B A U K U P U P E O G U M T A
N J S R L T S O N L U F S I
S E S U E S R E P R S I S E
O U L P D B X M M E U W A E
A G A E A E R R R O R L R H I
C I R C E R O H C I S P R E T
W Q A R T E M I S O I L E H B
```

73 | Currency

```
        D H S   Q W R
X D O N G T H A B R U B L E S
T P F L O R I N E T P P Q G K
T C R O U A L A Z T E U Q Z A
T O A   R N L   O S E
X L N   D I I   O B I
R O C   E D N   N S L
I N A R A U G T A Z N A W K X
E N O R K Q R L B Z P V B O E
L E M P I R A O Z Z L O T Y X
      O D L   R D L   U P C
      A I L   K I Z   Q N U
      V Z O   V R Y   Y E D
T A A A D T Z A H O A N Z O
K O R U N A N W A Z O L Q Z
Y I N E L N D H V M E P N L E
      O B W   G L I
```

74 | Beverages

```
H A M B R O S I A V A K Z A X
V M I L K S H A K E B E E R U
A A L M E N A S I T M T W N E
D E A K N A S R E H B I H B L
O R L I M E A D E R N V I U A
S C M I L A A Z E E P L S T R
M G N T H D E H Y G L S K T E
A G Z K J O T I Q Z K V E E G
E E E J P S B E H M F X T F M I
R G P I J B E H M F X T F M I
C G P U G U C C Z F A Z R I G
A N A C N L I D O O V C U L R
F O R E C C R C L C M Q E K E
E G F C V L H F E N O L U D E
U E V T I X M L O L H M I T T
L N A K M L A X N G A B L L E
A E R T I S N E A C B T G A A
I U H M S O C I D E R D T M Y
T O N I C W A T E R A T C E N
```

75 | Add-a-Letter

```
W B R O T H E R B O R D E R E
P O S S E S S F A K I R V O K
L G Z G S P A R K J S A R U O
U D N N M R J D O P E E U S R
N R J I P O P U L A R E R O R
G E K K R U S I N G L I N G E
E T N L R T C E R E L A T E M
X A O A G E S E V A R C N A N
U E I W K N A L H L T K E G O
H W T Y C T A D P C O R I X E
S S C R E N O D N E T S T D R
U P A R T L Y C A O S E A A R H
L M R L S C A P E D M W P O G
P O F A C T O R T R E A S O N
R E V E A L C O A S T E R P J
```

76 | Typeface

```
Q P V A L H W U M W N L X I G
C Y T V L U C I D A S A N S A
P I N E E C B L J N M L F M R
L B A N W K A A J T A B U E A
Z A J I K J R M E L W E G A M
V S I R C T V S A J Q I W M O
Y T H G O E X F N H T X Q I N
K C O N R A W A R U T U F T D
I A Z D X O M D R T O O Q P A
P M A D H Y E F G N K W G O I
B N P A I H Y G P M D A D B R
A L I A G J B E M B O R K W Y
W V M C C H E L V E T I C A M
E U R O S T I L E Q T A V P P
E J Z C M O K M B X I L G J P
```

77 | States and Capitals

Sacramento; California;
Albany; Annapolis;
Charleston; Colorado;
Madison; Providence;
Springfield; Montgomery;
Nashville; Michigan; Florida;
Salem; Denver; Rhode
Island; Minnesota; Carson
City; Topeka; Montpelier;
Maryland; Dover; Washington;
Columbus; Salt Lake City;
Texas; Trenton; New York

```
V F T Y A X D N A L Y R A M Y
I I J J T Y B S M B H S K U T
W W A S H I N G T O N D H N I
D S E O G V C O D A R O L O C
E P E V A N Z E S S X V F H N
K P L L P D I E K I B E A P O
R B Y Q L S I C P A D R M Z S
O O G A L I F R B X L A M A R
Y E T A T B V M O E E T M V A
W N N N Z N F H S L I Y L X C
E D A K E P O T S C F R Q A W
N Y G B K M O T A A G E P O U
U L I S L N A L N M N M D Q U
I Z H I R A I R Z E I O E C B
J L C X O F Y S C L R G N L M
I S I L O P A N N A P T V R U
O R M R J T E X A S S N E K L
O F N O E C N E D I V O R P O
R I R E I L E P T N O M K N C
A T O S E N N I M C H T M G M
```

78 | Add-a-Letter

```
A S E R D A P M O C X Y E N I
W D B P I S T O N V P W N W M
H O L N E U T R A L O V O W A
O R A C O R O N E R P N I Y W
L E T A P S S E L D E E N A S
L H R M F B D O G U O U S R Y
Y G E T U J M V N P H L B T R
O N R O L O E E A P X Z T E H
P A E O P R Q R N D R V R C C
B D S N H D T S W T E X O A I
A B I E W L S E H C A O C I B
C H A S Y A O X E L E L V D P
K T R U C E R P L D E K R A P
E S P R I T S D P O R T E N T
D G U P R E T T Y P R I Z E S
```

79 | Let's Dance!

```
O C N E M A L F P Y M M I H S
T N O J T Y P A V T A B M U R
E Y O Y W T S O Q N M G Q Z P
L Y B O L O O C H N B D N Q Y
T D S O D H H V M O D C O H
S N A O L A J N A C N A C U
U I B W C E G Y V G T N C Q T
H L G H Q D R I T O F V U P O
E U A K A N H O R A L I M B O
A P L N I A A T T U N A E G K
N E O A C M Y A Y U B G N P Y
E T P M Y E K N O M U A O E H
U S V Q K L R R A I D F I T C
G O S R O L M S N N R L S S T
A W U P N A P E A U I I U E O
L T O R T X O F G E W N U I N
A L L E T N A R A T J G A O H
M A Z U R K A K Z T L A W E I
```

80 | Beginning and Ending

```
W R A O F W O N N I W M L H M
M I A M D F P A N O Z I R A H
D V N T T U L L S T N V X R A
N E T D H G U L L C K I O S K
E T E R O E I O F A M U O H A
D E N I U W R C A U F M A N N
I R N A G O R A M P S D T S A
V G A P H N A L A S K A N T B
I D R E T R O P E R R N N A A
D T H R E A T N X G D A H F L
N E C S E D D E E N T T R A A
A Y A O P A R T N E R S H I P
E L L M S I R O T A T O R C S
R O T T E R R H E A T H X A M
D N H D E D C H R O N I C G A
```

81 | South America

```
  D B M O
  A S U N C I O N R
V B N L A P A Z B U S S
S M O D C N I Y Q O A A U M J
F C Z G O V I U E C L M P C G U
F S A S O U I T A N I O M R R
G M T E S R N A N A L V U A B
C A R O D A U C E O E G I W P
E L I H C N F S M G U B A A
  V W P T A B D A R H R
  T B F I I Y A I A
  G U Y A N A S F G L
  E C G O I U U I
  N O B O L S A
  O X I X Y
  S R A D V
  A I Z B
  I L
  R N
  E
J H
H U
U
```

82 | Number Search

83 | Blankety-Blank

Missing letters spell: "You cannot shake hands with a clenched fist."

84 | Bar Drinks

85 | Con- Words